LIBERTE O PALESTRANTE QUE EXISTE EM VOCÊ

o código das apresentações que marcam

Dan Jezini

edição do autor

Liberte o palestrante que existe em você:
o código das apresentações que marcam
DAN JEZINI

Revisão
ANA TERRA

Ilustrações
WESLEY SAMP

Diagramação
EUDALDO SOBRINHO

Impressão
DAN JEZINI

Jezini, Dan
    Liberte o palestrante que existe em você/ Dan Jezini –   Brasília, 2020.
    164 p.
ISBN 978-65-00-03038-9

1.Prosa, Brasil. 2.Literatura, Brasil. I. Título.
CDU 869.0(81)

SUMÁRIO

Prefácio 6
Introdução 9

PARTE I - abaixo a chatice! 12
Capítulo 1 - Descomunicando 13
A aversão ao microfone 14
O mito do dom 15

Capítulo 2 - O chamado 17
Nosso palestrante interior 19
O vagalume no fim do túnel 22
O encontro com as endorfinas 23
A hora de crescer e aparecer 25
No meio do caminho, um amigo 27
A autoridade como efeito colateral 29
Um novo mundo 30

Capítulo 3 - Confie no processo 33
Sobre trilhos, poupamos energia 34
Não é por acaso 36

Capítulo 4 - As armadilhas do caminho 39
Despreparando a apresentação 40
Primeiro ato: tudo dominado 40
Segundo ato: contexto 41
Terceiro ato: o conteúdo 43
Quarto ato: em campo 44
Nada de novo no *front* 46
Cuidado, mestre: palestra não é aula 48
Conexão com as pessoas 49
Medo, não. Pânico! 51

PARTE II - Engajar convencendo 54

Capítulo 5 - O Código das Apresentações que Marcam 55
Para além de informar, influenciar   56
Entreter é preciso   57
Mantenha o esqueleto no armário   58
A estrutura que sempre funciona   61

Capítulo 6 - Abrindo o jogo   62
Como sequestrar a atenção   64
Levante uma questão instigante   65
 Faça uma declaração de impacto   67
Conte um causo   69
Como potencializar a provocação   71

Capítulo 7 - Conversando com o coração   73
O que nos motiva   76
Cativeiro lógico   78
Bem-vinda, complicação!   79
Construa uma boa complicação   82
Que a complicação seja empática   83

Capítulo 8 - A hora da verdade   87
A janela de oportunidade   87
Que alívio!   89
E agora?   90
Metáforas   90
Exemplos   91
Histórias   92

Capítulo 9 - Marcas profundas   93
O Código das Apresentações que Marcam   93
Hora de concluir a apresentação   95
O fim está próximo: *call back*   95
Chave de prata   98
História de esperança   98

Chamado à ação 100
Passo simples 100
Sentido de urgência 101
Pronto? 101
PARTE III - Convencer inspirando 104

Capítulo 10 - Era uma vez... 105
O que é uma história? 107
Quando a história não funciona 109
O que fazem os contadores de histórias 114
Antes de as histórias ficarem para a história 116

Capítulo 11 - O poder da vulnerabilidade 120
O poder de ser vulnerável 122
Os três mandamentos 123

Capítulo 12 - Humor eterno 125
Autodepreciação 126
Exagero 129
Surpresa 130
Desmontando uma piada 131
Ciclo do repertório cômico 132
Brincadeira séria 132
Timing 133
Regra de três 135
Como saber se vai dar certo? 136
Nichos 137
Lembre-se disso 138

Capítulo 13 - "Eu não sou criativo" 139

Capítulo 14 - Amado mestre 143
Não é sobre você 144
O que Tom Cruise nos ensina 147
Finalmente 151

PREFÁCIO

"Se há vida, há comunicação."

Para além de combinar emissor, mensagem e receptor, a vida ensina cedo que se comunicar é um ato muito mais complexo. Segundo a origem etimológica, é tornar comum, repartir, dividir, compartilhar e servir. Este livro é fiel ao conceito original de comunicação e, ao mesmo tempo, vanguardista na forma e no conteúdo das técnicas de oratória que apresenta.

Não são poucos os que atribuem ao autor a qualidade de comunicador nato – eu, inclusive, embora ciente de que esse adjetivo (quase) o ofende. O mito do dom, muito bem descrito no livro, conversa com o leitor descrente e argumenta que o talento vem com a prática (também!), que o esforço é o grande mestre e que vai doer. Em um tom gentil e animador, a mensagem de que todos podem ser competentes e felizes no palco soa como milagre, mas atiça o interesse do leitor curioso: até onde vai a audácia do autor?

A promessa do livro não é esgotar as técnicas de oratória, didaticamente apresentadas em todo o texto. É sobre como, a partir do exercício e da prática delas, o leitor se prepara para a inevitável atividade de se comunicar com uma audiência, de fato e sem pânico.

A primeira parte do livro, "Abaixo a chatice!", é um quebra-gelo apurado. Trata de apresentar bons argumentos para que todos os leitores consigam se enxergar no grupo de oradores competentes, classe escassa de profissionais.

O princípio: não ser chato para conseguir ser ouvido. Como? Compreendendo bem o processo de criação e o que pode e vai dar errado. Antes, durante e depois do palco.

E a obra não seria assinada por Daniel Jezini se não tratasse do humor, a sua marca registrada. A anatomia de um bom *storytelling*, realçada com a importância do *timing* para cultivar e colher risadas coletivas, resume os ensinamentos da parte 3, "Convencer inspirando". Nos capítulos dessa parte, o leitor consegue ponderar objetivamente a diferença entre os palestrantes brilhantes e os somente habilidosos. A partir desse ponto, cresce a admiração pelos oradores excelentes e a compaixão pelos esforçados sem técnica.

Na última parte, "Lembre-se disso", a mensagem é de estímulo com uma lasca de bronca, ao estilo do autor. Não economize suor e garra para se comunicar e servir a quem o ouve.

O livro está apinhado de histórias. Todas elas pessoais, pois conectam mais e nos permitem compreender de onde vem a paixão por compartilhar. Elas ajudam a fixar os ensinamentos e fazer com que a curiosidade e os hormônios de prazer colaborem na missão de devorar o conteúdo. E, nesse ponto, um alerta vermelho para as grandes chances de maratonar da primeira à última página em poucas horas.

Embora as histórias entremeadas contenham uma coletânea de boas técnicas e estratégias utilizadas por oradores universais, o livro soa autobiográfico. Quem já assistiu a alguma performance do Daniel deve se identificar imediatamente com o estilo, que reflete a simpatia gratuita e o humor que basicamente o define, no palco e fora dele.

Para todos os leitores, a sensação será similar à de uma conversa de bar, por conta do papo fácil e da escrita simples de um contador de histórias nato.

Mas não se engane. Por trás da simplicidade há maestria e aprendizado, obtidas por muitas horas de palco, de leitura e do exercício diário de compartilhar mensagens com desapego.

A obra é mais um exemplo de doação, um presente útil e divertido escrito por um ser humano viciado em outros, além de um estudioso praticante das relações humanas.

É uma homenagem à linguagem oral moderna e à capacidade de todas as pessoas a dominarem. A propósito, é a habilidade de se comunicar que tem feito a humanidade se distinguir de outras espécies, evoluir, ensinar, aprender, convencer, seduzir e inspirar. É muito poder para ser mal utilizado.

Divirta-se.

Wesley Vaz, palestrante e articulista

INTRODUÇÃO

Talvez você tenha escolhido este livro perguntando-se, será que realmente há um palestrante em mim? Então por que ele nunca mandou um sinal? Vou procurá-lo melhor". Vamos, então, abrir uma trilha até esse palestrante interno para que você possa encarar e aproveitar uma das grandes aventuras que a vida nos oferece.

Conheço gente que gosta de grandes emoções. Eles acampam em barracas sem banheiro, escalam paredões de pedra amarrados em cordinhas e pulam de aviões com uma mochila cheia de lona dobrada. Admiro a disposição dessa turma. São caçadores de experiências novas e de adrenalina. Depois de anos, terão uma coleção invejável de memórias.

Você está no lugar certo para desfrutar de outro tipo de adrenalina. Sempre que via alguém com o microfone, falando de um assunto que eu conhecia, eu sentia comichão abaixo do diafragma. O recado que o estômago me passava não soava muito nobre: "isso aí você consegue fazer, ou até melhor". Reconheço uma mistura de arrogância com ingenuidade nesses momentos; no entanto, só havia uma maneira de descobrir se eu era capaz daquilo...

"Tentando." Caso tenha pensado nisso, está parcialmente certo. Influenciar muitas pessoas ao mesmo tempo exige equilíbrio em duas frentes: ideias que tocam nosso coração e capacidade de comunicá-las. São áreas tão diferentes como complementares. Experimentar é parte da jornada, claro. No entanto, a proficiência alcançada por meio da experiência é limitada. A prática promete levar à perfeição, mas leva à permanência, à repetição dos hábitos adquiridos.

Quem nunca teve um professor que tinha décadas de experiência, mas passava longe de ministrar boas aulas? Quem pode avaliar se você domina a técnica de falar em público é o público. A perfeição exige prática, mas não só. Um bom profissional palestrante foi formado por trilhas variadas. Em todas elas, atravessou o ciclo de crescimento que é aplicável à maioria dos campos de atividade. Esse ciclo envolve três etapas: transpiração, experimentação e avaliação.

Neste livro, você vai encontrar aquilo de que precisa para encurtar o caminho sem queimar energia, perdido na floresta de dicas e conselhos disponíveis por aí. Apresentarei as informações necessárias para que você domine a primeira e a terceira etapa do ciclo de crescimento – transpiração e avaliação – e cresça em confiança para encarar a segunda etapa – a experimentação. Como diz o clichê, mares calmos não produzem bons marinheiros. Habilidade se ganha em campo.

Seguindo a regra de ouro "faça ao próximo o que gostaria que fizessem a você", busquei escrever o livro que eu gostaria de ter lido quando comecei a me interessar pelo microfone e encarei a fase da transpiração para me tornar um palestrante melhor. Uma leitura como esta teria me poupado anos.

A "arte" de falar em público, ao contrário do que dita o senso comum, se trata mais de competência do que de inspiração. Desenvolvê-la é menos complicado do que parece, desde que você esteja na direção certa. Você vai ver aqui que os palestrantes de sucesso podem ter estilos diferentes e ideias opostas, mas seguem os mesmos princípios. O modelo se repete tanto que pode ser desmembrado e traduzido como uma fórmula. Vamos apresentar os elementos dessa fórmula, passo a passo, para você não deixar nada de importante para trás.

Em pouco tempo, você vai experimentar um salto na qualidade da conexão com o público, e isso vai lhe dar confiança. Está na hora de deixar de se preocupar com as pessoas baixando a cabeça em direção ao celular ou indo embora cedo. Chega de palmas protocolares ao fim de uma mensagem que custou dias para ficar pronta. Não queremos medir o sucesso por elogios corteses, mas pelo número de convites que você receberá depois de descer do palco. Esses convites são a demonstração de que as pessoas querem ver você de novo. No palco e não pelas costas.

Melhor ainda, você vai estabelecer uma ligação mais profunda com a plateia, desfrutando de atenção com melhor qualidade. Quando isso acontece, é como se você recebesse uma chave que dá acesso a mentes e corações. Sem essa ligação, operamos num modo inferior de comunicação, na série B do palco. Como resultado, estamos somente passando informações. E para isso existem e-mail, WhatsApp e afins.

Os princípios e as técnicas presentes neste livro vão mudar o jeito como você encara a audiência. Falar diante das pessoas vai deixar de ser um teste de sobrevivência ou um mal necessário e passar a ser uma oportunidade de fazer uma diferença positiva na vida ou no trabalho dos que estão diante de você.

ABAIXO A CHATICE!

CAPÍTULO 1

DESCOMUNICANDO

Todos nascemos com necessidade de comunicação. Não falo somente dos humanos, mas de todo representante da vida neste planeta. Se há vida, há comunicação. Parte dessa comunicação acontece em um nível tão básico que não há consciência. São seres elementares, alguns com uma única célula, que ainda assim precisam interagir com o ambiente à volta e com outros seres para seguir adiante. Basicamente, é uma comunicação química. Pode-se dizer que a expressão "rola uma química" é bem antiga.

Nosso corpo é um centro avançado de comunicação com diferentes sistemas disparando mensagens internas e externas. Um simples espirro é resultado do mau humor do nariz, irritado por um invasor alérgico ou infeccioso. É uma ordem de despejo. Enquanto isso, os olhos, com um temperamento mais sensível, se fecham para não testemunhar toda essa vida sendo expulsa do condomínio. Tente manter os olhos abertos enquanto espirra!

Podemos deixar essas mensagens elementares para os livros de biologia, mas o fato é que temos uma necessidade primal parecida. Podemos gostar muito ou pouco da companhia de pessoas; de todo modo, precisamos delas. Até monges precisam, ainda que de outros monges meio caladões. O isolamento extremo, ao contrário, costuma ser um sintoma de problemas psicoemocionais e deve ser levado a sério.

A AVERSÃO AO MICROFONE

Pude experimentar, como quase todos, o tal medo de falar em público. Talvez "pânico" seja uma palavra mais apropriada. O corpo humano libera as mesmas substâncias tanto diante de uma onça como perante um grupo de pessoas prontas para nos ouvir. Como sabemos, a ameaça de um predador inunda o sistema com adrenalina e cortisol, preparando-nos para o combate ou a fuga. Ou seja, consideramos que estar na frente de algumas dezenas de pessoas que foram até um lugar pré-determinado para nos ouvir é tão perigoso quanto encarar uma onça faminta.

Como se não bastasse, somos informados da data do compromisso com antecedência. Ora, se tem algo que fazemos bem com antecedência, é sofrer. Lá vem mais cortisol, o hormônio do estresse. Quem gosta de viver estressado? A sensação do juízo final se aproximando incomoda estômago, intestino, cabeça, e todo o sistema entra em alerta máximo. Agora junte esse coquetel de sensações com o despreparo para falar em público, que é um multiplicador natural do estresse.

Como essa habilidade não é tão treinada nas escolas e universidades, a agonia do palco torna-se regra. Tente lembrar quantas vezes você foi orientado a respeito de *como* fazer uma apresentação. Pois é. No máximo, somos obrigados a seguir alguns padrões ruins para os *slides*. Nos cursos e nas pós-graduações da vida, os critérios de avaliação resumem-se ao domínio do conteúdo e à participação. O celular se consagrou como uma rota de fuga para o público à monotonia instaurada, esperada e repetida.

Saímos dos anos formativos com lembranças tenebrosas de nossas experiências diante do público. É inescapável. Como precisamos atender as expectativas de domínio do conteúdo, é natural que busquemos decorá-lo. Na hora da verdade, temos um material rico de informações e pobre de engajamento.

Ou seja, sofremos um monte e ainda vemos nossos colegas com cara de paisagem. Caso o professor seja fofo, lançará palavras de encorajamento diante do hercúleo esforço para decorar tudo aquilo. Afinal, está lá para avaliar nosso aprendizado do conteúdo, e oratória não está no programa.

O MITO DO DOM

Algumas pessoas têm certa magia. Quando elas falam, as demais escutam. Não parece custoso ouvi-las. Pelo contrário, é prazeroso. Um descanso para a mente. Revelam-se na forma de alguns poucos professores, chefes, líderes religiosos ou até colegas. A conexão se firma sem esforço e as opiniões voam mais longe. Até parece que elas têm um dom. Da palavra.

Caímos então no que chamo "a armadilha do destino". Explico: se essa habilidade é um dom, então não nasci com ele e nada posso fazer a respeito.

A teoria do dom é limitante. E falsa. Mas nos exime de assumir a responsabilidade pelo nosso desenvolvimento e até nos traz algum conforto. Por exemplo: eu, Daniel, posso afirmar que não tenho o dom da música. Não foi uma rendição fácil. Pratiquei teclado na adolescência e violão antes dos 40. Aprendi a reproduzir diversas canções, mas algo me impedia de evoluir.

Uma vez, recebi uma canção para aprender a tocar e me dediquei a ela. Treinei disciplinadamente durante dias. Mostrei, orgulhoso, o resultado para minha esposa, que havia começado a praticar um ano antes de mim. Passei o violão para ela com um "tenta aí" embutido no gesto. Afinal, aquilo tinha dado trabalho. Ela segurou o violão com um jeito de "você que está pedindo". Dez minutos depois, eu estava em dúvida se ela havia trocado o instrumento sem eu perceber. Não estava perfeito, mas era bonito. Comparado com aquilo, o que consegui soava como a caligrafia de um menino do quarto ano com a mão não dominante.

Seria falta de dom? Tive que admitir para mim mesmo que, embora gostasse de música, eu não tinha a paixão da Paty. Enquanto ela faz de cada tempo livre um momento musical, eu prefiro andar por aí ouvindo audiolivros. Não conheço as notas e acordes com intimidade suficiente para evoluir além da reprodução desalmada e atrapalhada das partituras.

Não se trata de dom ou destino, mas de investimento de tempo e energia. Você não precisa ser tocado pelas estrelas para brilhar no palco. A oratória, e todo o poder de influência que a acompanha, é tão acessível quanto sua vontade de dominá-la.

CAPÍTULO 2

O CHAMADO

Obviamente, o título do capítulo não se refere ao filme homônimo de terror psicológico lançado em 2002, embora algum engraçadinho possa enxergar semelhanças entre os efeitos emocionais causados pela obra e pela plateia.

Chamados são experiências muito pessoais. Agostinho nos conta, no magnífico *Confissões*, que, em meio ao tormento de suas reflexões, ouviu uma cantiga em voz infantil a repetir, *tolle, lege, tolle, lege.* "Toma e lê." Um pouco antes, ele estivera entretido com a carta de Paulo aos romanos. Retomou-a e leu o capítulo 13, versos 13 e 14, onde há um fechamento dos assuntos que o apóstolo vinha tratando: "...revistam-se do Senhor Jesus Cristo, e não fiquem premeditando como satisfazer os desejos da carne". Nesse ponto, ele nos conta que sentiu dissiparem-se as agonias da dúvida: "tinhas convertido a ti o meu ser".

O *insight* de Agostinho não surgiu do nada. Seria inconcebível imaginar que esse momento mágico teria acontecido de qualquer maneira, com ele caminhando distraído por ruas italianas sem nunca haver meditado em assuntos espirituais.

Ouvir as crianças entoando o *tolle, lege* só foi capaz de provocar essa epifania porque Agostinho estava buscando respostas havia tempos. Esse foi o primeiro ápice de um caminho que tivera início muito antes, desde os esforços da mamãe Mônica, e que ainda apresentaria rios de cumes e vales à frente.

Este livro pode ser o primeiro na sua trajetória diante do público, ou mais um numa jornada maior. Perdi a conta dos que consumi. Foram dezenas. O fato de ter esta obra em mãos demonstra que você anda pensando nisso ou que topou o chamado para influenciar outros e deseja desenvolver-se.

Cada um tem um caminho próprio, povoado de motivações que o levam adiante – ou para trás. No entanto, o número de trilhas é finito, e mais finito ainda o de pessoas com o desplante de compartilhá-las.

Sei perfeitamente que esse chamado não é como um passeio na Disney. Vale tudo para que os passos do leitor possam se tornar um pouco mais firmes ao perceber pequenas semelhanças com uma única mensagem: não estamos sozinhos aqui. Há mais gente dando cabeçada no microfone. Pensando bem, considerando o preço e os benefícios de termos alguém a nos orientar, talvez esse chamado no fim das contas se pareça com um passeio na Disney. Em julho.

Ou tudo isso pode ser uma desculpa para contar como surge um profissional palestrante do único ponto de vista que sou capaz de acompanhar direito, o meu. As próximas páginas narram a história do chamado que recebi, e as trombadas e avanços que vieram a partir disso.

Você não precisa conhecer este capítulo para domar as técnicas abordadas no livro. As percepções expostas a seguir não fazem parte dos passos essenciais para você montar uma apresentação de sucesso. Por isso, sinta-se à vontade para passar direto ao próximo capítulo. Sinta-se, também, convidado a conhecer e participar dessa história.

Ela faz parte do que conheço sobre o palco e está na origem de tudo o que divido com você.

NOSSO PALESTRANTE INTERIOR

Cada um de nós, humanos, tem um mundo interior insanamente complexo. O filme *Divertidamente* representa um pedaço desse mundo com maestria. São quatro comandantes, representados pelos personagens Raiva, Nojo, Tristeza e Alegria, que trabalham em conjunto e em conflito com a missão de administrar memórias, impressões e reações aos estímulos externos.

O palestrante interior vive nesse planeta rico e infinito dos nossos pensamentos, memórias e convicções. Só que ele é inquieto. Passeia por ali observando e imaginando que algumas percepções particulares podem ser do interesse de outros mundos.

Por exemplo, pode considerar que, por ali, terroristas emocionais que tentam sem trégua destruir as torres de autoestima são contidos por equipes paramilitares de ursos carinhosos. Ele, então, sente um impulso de contar aos astros próximos como formar uma equipe de ursos contraterroristas e salvar o dia.

Em outras palavras, o nosso palestrante interior acredita que algumas de suas fantasias podem influenciar outros planetas que, assim como ele, vivem imersos nos próprios pensamentos, memórias e convicções.

No entanto, quando ele era um jovem palestrinha, percebeu que a missão não seria como havia antecipado. Levar um produto até o espaço é uma tarefa cheia de problemas logísticos. Primeiro, há que tomar coragem para a viagem. Segundo, é preciso organizar o material. O transporte não pode carregar uma quantidade imensa de informações e, se elas não estiverem bem arrumadas, serão devolvidas na alfândega.

Por fim, há mundos não tão receptivos à influência alienígena. Alguns deles possuem sistemas de defesa com baterias de mísseis prontos para explodir tentativas de contato, causando prejuízos traumatizantes – com trocadilho.

Cheio de receios bem fundamentados – do seu ponto de vista –, nosso palestrante interior acomoda-se. Em vez de tomar uma ação concreta e disparar mensagens poderosas, satisfaz-se dentro das fronteiras seguras da imaginação, de onde exporta informações que, apenas nos sonhos, viralizam pela galáxia.

Eventualmente a vida real manda um alarme. Aparece uma necessidade na escola ou no trabalho, e nosso palestrante então é convocado para uma missão, sem opção de fuga.

Embora acossado por memórias de outras viagens que não terminaram bem, vamos imaginar que, desta vez, ele encontra um ambiente generoso e receptivo ao seu cuidadoso pacote de informações. Quando isso acontece, o palestrante dentro de nós se alimenta das saborosas emoções nascidas desses sucessos, por menores que sejam. São petiscos deliciosos, que ele curte e gostaria de repetir. Pena que ele ache essas missões arriscadas demais.

À medida que o palestrante interior ganha conforto

com viagens mais simples, seus objetivos e sonhos podem olhar para a imensidão do espaço. Não que ele disponha de todas as ferramentas para ir tão longe, mas quem sabe? Seu mundo interior é rico, e pode conter algo que seja de interesse amplo. Material a ser exportado para milhares de planetas.

Os horizontes mudam. No começo, a exposição diante de um grupo pequeno de pessoas é como andar à beira de um precipício: tudo o que queremos é sobreviver. O sucesso seria, como se diz por aí, um *"plus* a mais".

Mas eis que nosso palestrante sobrevive e ainda colhe mais elogios. Essas mensagens positivas são capazes de mexer com uma energia escondida há tempos. Estamos falando de um descendente direto do pensamento mágico que tínhamos na adolescência. Talvez você se lembre da sensação de que, com esforço e um pouco de sorte, tudo seria possível.[1] Enfim acordado e visualizando as estrelas, é hora de colocar esse sujeito para trabalhar de verdade.

Tornar-se um profissional palestrante abre muitas portas e alguns tapetes vermelhos. Observe que há uma diferença entre profissional palestrante e palestrante profissional. O primeiro é alguém que agrega a capacidade de falar e até encantar públicos às habilidades produtivas que possui. O segundo ganha a vida dando palestras.

---

1   Os mais jovens conseguem nutrir uma convicção íntima de que podem conquistar ou mudar o mundo, ao mesmo tempo em que não entendem por que trocar seu bom celular por um novíssimo, parcelado em 24 vezes no Submarino, não seria uma boa ideia.

Neste livro, trato apenas do primeiro. Para essa turma, que é a minha turma, libertar o palestrante interior e deixá-lo ser feliz é como querosene de aviação nas possibilidades de crescimento e realização que temos diante de nós.

Mas o caminho até as estrelas dá um trabalhinho.

O VAGALUME NO FIM DO TÚNEL

Respeitando o clichê: mudança, transformação ou crescimento exigem um baita esforço. O palestrante interior sente-se muito confortável honrando o próprio nome e continuando ensimesmado. Se dependesse somente dele, poderia mudar-se para dentro de um osso qualquer e ficar lá para sempre.

Ainda bem que há oportunidades para nosso palestrante interior colocar as mangas de fora. Qualquer trajetória de crescimento pessoal e profissional tromba com a necessidade de se comunicar com muita gente de uma vez só. Se é causa, consequência, ovo ou galinha, é outro papo. Os empregos nos quais o sujeito passa a vida afundado em lançamentos de débitos e créditos estão sumindo.

Ainda no início da vida profissional, precisei apresentar o resultado de um projeto para dirigentes do órgão onde trabalho. Era um diagnóstico sobre gargalos em processos administrativos no Tribunal de Contas da União, conhecido como TCU. Nunca havia falado para aquele público, nem sabia como meus interlocutores pensavam.

Fiquei nervoso. Muito. Preparei-me do jeito que pude. Muito. Hoje, não me lembro de um único ponto que expus naquela tarde, mas me recordo do formato da sala, das janelas, do ar-condicionado, do projetor, do *slide* principal e de alguns *feedbacks*.

Um dos secretários presentes não foi protocolar no agradecimento. Ele sorriu para mim e disse: "você realmente mexeu conosco no ponto X, a realidade é essa que você mostrou. Muito bom". (Na verdade, em vez de falar "mexeu conosco", ele disse "causou espécie", do dialeto estranho que usamos no TCU.) Outros me procuraram com comentários parecidos. Para mim, aquilo foi uma surpresa. Quer dizer então que a apresentação do projeto que eu havia coordenado havia mexido, ainda que um pouquinho só, com alguns dirigentes? O palestrante interior sentiu a provocação e voltou a pensar nas estrelas.

Só que não voou.

O ENCONTRO COM AS ENDORFINAS

Cinco anos depois...

Eu tinha 30 minutos. Seria apertado. Estava em um congresso de auditoria e segurança da informação em São Paulo. Os organizadores do evento haviam dividido os temas em quatro trilhas de palestras simultâneas. A minha seria na sala 4. Pequena, se comparada às demais. Sessenta pessoas se apinhavam numa sala onde cabiam cinquenta.

O tema era a contratação de serviços de tecnologia por órgãos públicos. Eu não tinha tanta autoridade no assunto, mas estava lá como auditor do TCU. Isso fazia diferença para aquele público, basicamente formado por profissionais que trabalhavam para o Estado ou atuavam como fornecedores. Para os servidores públicos, a regra do jogo era simples: caso não cumprissem todas as leis, regulamentos e entendimentos reinantes, seriam condenados pelos órgãos de controle fincados em Brasília, sendo o TCU o mais temido deles.

Estávamos em 2009, e era a primeira palestra que eu dava fora das dependências do trabalho. Minha experiência era praticamente zero. Além disso, eu chegava ali quase de penetra. Meu chefe havia submetido duas propostas de palestra tentando emplacar uma. As duas foram aceitas, mas ele só queria falar uma vez. Topei ser indicado, a organização topou o meu nome. Pronto.

Para me ajudar na preparação, meu chefe me passou os *slides* de um curso de uma semana sobre o assunto. Eram 240 *slides*. Segundo o chefinho, a palestra tinha que ter no máximo 30 *slides*, um para cada minuto. Se vira.

Tudo o que eu lia no material do curso parecia importante. Com paciência e praticando um desapego impressionante, cheguei a 60 *slides*. Toda informação ali me soava como questão de vida ou morte. No entanto, 60 era duas vezes 30. E a regra era clara: 30, no máximo.

O desafio seria encaixar aquelas informações nos 30 *slides*. Ou 28, se tirasse o título e o "obrigado". Pensei numa estratégia, que julguei muito esperta à época. Era mais ou menos assim: *slide* com só três tópicos? Cabem cinco! Posso juntar dois *slides* com texto e, se faltar espaço, reduzo a fonte! Qualquer um que tenha passado no exame de vista do Detran seria capaz de ler. Problema resolvido em 29 *slides*.

Com adrenalina jorrando e *slides* que desafiavam princípios de sanidade digital, encarei a plateia. Considere que eu falo rápido naturalmente. Com os aditivos hormonais e a pressão do relógio, houve um momento de catarse. Ou assim me pareceu. Trinta minutos de informação zipada para uma plateia em choque, mas extremamente motivada.

Foi um sucesso? Até hoje não sei avaliar. Não conhecia patavinas sobre comunicação e oratória. Embora a estratégia fosse meio maluca, eu havia me preparado e tive "sorte". As pessoas estavam interessadas naquele conteúdo, e a limitação de tempo evitou a fadiga que a minha abordagem eventualmente provocaria.

Como esperado, aprendi mais do que eles. Muito mais. Aquele momento foi um vislumbre do que eu viria a entender melhor depois. O meu palestrante interior havia tido uma experiência inesquecível, e estava nadando em endorfinas. Há, no palco, uma mistura de vulnerabilidade e poder. Enquanto estamos expostos ao julgamento público, recebemos atenção. É um pedaço de vida alheia que está à nossa disposição. Uma pequena janela para influenciar, informar e até divertir.

Professores verdadeiramente vocacionados comparam isso a um vício. Meu sogro, por exemplo, precisou aposentar-se por obrigação legal aos 70 anos. Mesmo sem remuneração adicional, não parou de dar aulas. Ele recebe em outra moeda.

A HORA DE CRESCER E APARECER
Depois de dois anos e outras experiências menos caóticas, eu havia entrado no mercado de palestras da unidade onde trabalhava. Via colegas dando palestras em

outras cidades e estava animado em participar daquele mundo. Imagine alguém achar que vale pagar sua passagem e hospedagem só para ouvi-lo durante alguns minutos! Inacreditável.

Confesso que nem sempre tive confiança no meu trabalho. Embora recebesse vários convites, achava que as pessoas me chamavam porque não conheciam bem minhas limitações. Déficit de atenção, dificuldade com detalhes e administração do tempo em projetos longos eram bons exemplos delas. Ou talvez tudo isso fossem só sintomas de uma Síndrome do Impostor não diagnosticada.

De qualquer forma, o TCU é uma organização onde, para entrar, você precisa superar dezenas de milhares de pessoas em concurso. Não falta gente esperta. No palco, eu também não chamava a atenção. As avaliações de desempenho em eventos com múltiplos palestrantes me posicionavam no meio da turma.

No fim das contas, eu não conseguia prever como seria a experiência em público. Quando rolava uma boa química – ambiente, plateia, momento, assunto –, era bom. Pena que não era assim sempre. Em muitos momentos, me perguntei, o que se passou? Por que a resposta não foi boa?" Palmas protocolares, agradecimentos gentis, fim.

Foi nessa época que me tornei diretor no TCU. Antes que você imagine um salto monumental na carreira, onde os diretores mandam e os mortais tremem, esse cargo fazia de mim chefe de oito auditores e um estagiário. Por alguma razão que só terapia organizacional conseguiria explicar, nossa sala era uma "diretoria". Até houve um período, de dois anos, em que os diretores passaram a ser chamados gerentes, o que fazia muito sentido para mim. No entanto, voltamos a ser diretores logo depois. Fica mais elegante no cartão de visitas.

Com as responsabilidades, vieram mais oportunidades. Como poucas pessoas curtem o microfone, as demandas escorriam na minha direção. "Daniel, você pode falar de contratações públicas?" Posso. "E de gestão de riscos de Tecnologia da Informação?" Claro. "Segurança da Informação?" É comigo mesmo! Esses eram os assuntos no dia a dia do trabalho.

O grande mérito era aceitar os convites que pintavam, seja no trabalho, seja em outros lugares, como na igreja. É ótimo ter um ambiente seguro para arriscar. As aulas na igreja me trouxeram oportunidades inigualáveis. Afinal, caso fizesse besteira, eu sabia que seria perdoado. É um mandamento.

NO MEIO DO CAMINHO, UM AMIGO

Um dia, meu amigo e companheiro de eventos profissionais Wesley Vaz apareceu com uma expressão de quem tinha um doce escondido. "Dan, você tem que ler esse livro. Vou te mandar o link." Cliquei e vi o preço: 20 reais, um terço do que custa atualmente. Foi quanto paguei pelo primeiro livro que li sobre como falar em público e um dos que recomendo até hoje: *How to Deliver a TED Talk: Secrets of the World's Most Inspiring Presentations*, do Jeremey Donovan.

Eu nem sabia que havia literatura sobre o tema – esse era o tamanho da minha ingenuidade. Adorei o livro. O pouco que consegui aprender e tive coragem de experimentar fez diferença. O maior mérito do livro, no entanto, foi me apresentar um caminho de crescimento.

Aprender com os próprios erros é essencial, mas depender dos outros para ajudar a enxergá-los é fria. Em geral, arrancar um *feedback* útil de alguém não é fácil. Os colegas têm receio de causar melindres e não apontam o que precisa melhorar. Eu sabia que precisava evoluir, e agora havia achado um jeito.

Comecei um tipo de jogo com o Wesley. Quando achávamos uma fonte de que gostávamos, indicávamos um para o outro. Fomos ganhando confiança para experimentar e crescendo aos poucos. Os resultados começaram a aparecer.

Continuamos nessa dinâmica por alguns anos. Lendo, experimentando e trocando *feedbacks*. Também nos divertíamos muito, claro. Ao aprender a tal arte de falar em público, transformamos o receio natural do microfone na boa adrenalina de quem deseja entregar um trabalho bacana.

Poucas tarefas são tão rápidas e generosas na recompensa. Quem ensina ou palestra conhece a sensação de ver olhos brilhando, de provocar emoções ou até boas risadas – em outras palavras, de ser um instrumento de transformação e se ver reconhecido por isso. #prontofalei.

Havíamos descolado do clássico perfil do profissional que faz apresentações corporativas. Agora o jogo era outro e, de certa forma, viciante.

A AUTORIDADE COMO EFEITO COLATERAL

Tomei um susto quando, numa reunião com um órgão interessado em me contratar para dar um curso de governança de Tecnologia da Informação (TI), o responsável disse que havia me procurado porque eu era a referência na área. Logo perguntei se as fontes dele estavam passando bem. Ele me garantiu que havia consultado profissionais de várias organizações e que meu nome sempre aparecia bem recomendado.

Ora, eu nunca havia sido gestor de TI, nem tido qualquer experiência prática nesse assunto. Também não tenho qualquer carimbo de PhD. Meu conhecimento era como auditor. Ou seja, basicamente recebo para criticar o trabalho dos outros. Por outro lado, eu fazia palestras sobre o tema em eventos diversos.

Logo aprendi que a melhor forma de avaliar uma apresentação não são as palmas ou as perguntas posteriores, mas o número de convites provocados. Eles não paravam e, conforme o trabalho permitia, fui pregando a mensagem da governança de TI.

Ao contrário do que imaginamos, quem nos assiste não guarda muito das informações que passamos. As pessoas lembram mais de como se sentiram e menos do que ouviram. Muito mais. Com o tempo, muitas delas passaram a se lembrar de mim. O mérito não era do conteúdo, que não era superior ao dos colegas gestores e acadêmicos, nem da dicção, que nunca foi das melhores, mas das emoções trocadas entre palco e plateia. Somos bons em recordar emoções.

Assim, de palestra em palestra, de mensagem em

mensagem, fui sendo lembrado.

"O que exatamente o Daniel Jezini fala?" "Sei lá, mas o cara é bom. Chame-o."

Evidentemente, trabalhar num órgão de auditoria é um belo empurrão. No entanto, poucos colegas auditores se tornaram referência nas áreas em que atuam. Muitos deles são brilhantes, quase sem espaço para melhora no trabalho técnico que produzem. São referência? Só para aqueles que trabalharam de perto e puderam testemunhar, em primeira mão, a qualidade que derrama da cabecinha deles. É simples: só é possível ganhar destaque em um nicho se as pessoas descobrirem que:

1. Você existe.
2. Você trabalha bem.
3. Você se conecta com elas.

De um em um, de equipe em equipe, isso leva eras para acontecer. A divulgação boca a boca, de varejo, é lenta por natureza. De grupo em grupo, anda-se mais rápido.

A internet também serve para andar rápido, claro, mas esse é outro papo. Tente chegar a 40 pessoas numa *live* ou ter um vídeo visto por 100 pessoas, mesmo sem medir a qualidade da atenção. É mais difícil do que parece. Portanto, a não ser que você seja uma celebridade, o caminho digital é árido e, muitas vezes, frustrante.

UM NOVO MUNDO
Nessa época, recebi uma ligação de uma empresa de eventos que me convidou para uma palestra em Curitiba.

Consultei a agenda e o dia em questão estava ocupado. "Sinto muito", disse, "se fosse dois dias depois, eu poderia". Dali a dez minutos, outra ligação: o evento havia sido adiado em dois dias.

Fiquei impressionado. Alteraram a data do evento por minha causa? Hoje conheço melhor a dificuldade que é encontrar bons palestrantes para apresentações não remuneradas. Ainda assim, me senti o próprio Tony Robbins, embora com alguns bilhões a menos na conta bancária.

Com o crescimento dos convites, equilibrar as demandas em casa, no trabalho e no circuito de treinamentos e palestras não era nada fácil. Na verdade, "equilibrar" é uma palavra forte. Eu tinha que escolher o que desequilibrar. Como o trabalho não era negociável – sim, as prioridades estavam tortas –, a brincadeira pesava sobre família e saúde. Como ainda tenho uma doença inflamatória para administrar, que é sensível ao estresse, você pode imaginar o resultado.

Com o aumento do número de "nãos", os convites mudaram de natureza. Parte dos meus anfitriões os transformaram em sondagens, do tipo "acho que você não pode, mas vai que...". Outra parte sacou a mudança e criou um incentivo. Foi assim que a loucura na agenda criou escassez e passei a receber propostas com cachê.

Se por um lado havia eventos com menos estrutura (aqueles em que a programação funciona como uma carta de intenções, não é possível confiar no apetrecho de passar *slides* e até a versão do PowerPoint é antiga), por outro, há aqueles em que detalhes como a recepção, os horários das palestras e a operação de som funcionam por música (haha).

Embora tenhamos que fazer um ótimo trabalho sempre, às vezes há mais fichas na mesa. Ainda bem que eu estava evoluindo.

No início da caminhada, havia dias bons, em que tudo fluía bem no palco, e dias não tão bons, quando eu ia mal. Agora, meu desempenho ainda oscilava, mas de forma diferente. Em vez de flutuar entre bom e ruim, o *ruim* tinha saído da escala. Podia ser ótimo, quando dava tudo certo, bom ou até ok, num dia mau.

Pouco a pouco, o estudo e a experimentação constante trouxeram resultados em qualidade. Mais que isso, tive um efeito colateral inesperado. Nunca mais consegui assistir a uma palestra da mesma forma.

CAPÍTULO 3

CONFIE NO PROCESSO

Quando você conhece bem um assunto, não é difícil perceber erros e imaginar uma forma melhor de agir. Acontece até quando assistimos a um jogo de futebol profissional. Quem entende o jogo sabe quando o camisa sete deveria ter soltado a bola em vez de chutado a gol.

Com a mecânica de palco, ocorre o mesmo fenômeno. Os deslizes alheios, e os nossos, ficam claros. Passamos a identificar o ponto exato da apresentação que não funcionou, a razão da dificuldade e o caminho para sair da armadilha.

Perceber um erro não é difícil. Nascemos com um radar afiado para apontar falhas, especialmente nos outros. O desafio reside em achar uma forma de corrigi-los sem sobrecarregar o sujeito.

Gosto de sugerir fontes para ajudar no crescimento de quem precisa e, mais importante ainda, deseja fazer o esforço para isso. No entanto, boa parte da informação disponível contribui para a confusão.

Fala-se muito das técnicas de oratória – onde colocar os pés, o ângulo certo do olhar. Em tese, teríamos que dominá-las para conduzir bem a plateia. Quando você ouvir isso, no entanto, saiba que está diante de uma simplificação sem tamanho. Muito do que li me trouxe alguma frustração. Não que a informação fosse ruim, mas eram muitos detalhes e pouca clareza do que seria mais importante.

Eu me sentia num hipermercado cheio de produtos, em que o vendedor dizia que todos eram essenciais para a sobrevivência. Não havia carrinho mental para tantos "tem que" e "você precisa agir assim". No início, eu terminava a leitura e torcia para me lembrar de algo na próxima vez. Não era nada divertido.

Neste livro, não vamos aumentar o trauma nem queimar a língua ao propor um caminho mais seguro para o sucesso no palco. Mais que um caminho, o que veremos adiante é como um código, um tipo de algoritmo com uma lógica clara. Uma vez colocado em prática, esse código irá conduzi-lo ao sucesso em público. Como é isso que ele faz, vamos chamá-lo humildemente de O Código das Apresentações que Marcam.

SOBRE TRILHOS, POUPAMOS ENERGIA

A primeira vantagem do Código é a sustentabilidade. Desejamos otimizar o gasto de energia. O Código permitirá que você pare de perder tempo entre as técnicas, sem conseguir discernir quais são fundamentais e quais são perfumaria, ainda que bons aromas tenham seu valor.

Para deixar o conceito mais claro, pense em como transportar a mensagem como se fossem pedras em um carrinho de mão. Você pega os pedaços de informação, uns bem pesados, e precisa carregar o conteúdo por certa distância. O terreno é irregular e a cada três metros é necessário pensar sobre o melhor caminho a seguir e fazer alguns desvios. No fim, você atravessa o terreno, embora tenha derrubado parte do material pelo caminho.

O processo todo dá um trabalhão e, caso você receba

uma missão semelhante no futuro, precisará repeti-lo do início.

Agora veja o vagão abaixo, como aqueles de desenho animado.

Vemos o esforço que dá mover o carro adiante. O objetivo do Código das Apresentações que Marcam é assentar os trilhos para o seu vagão de forma que ele se mova suavemente, sem desperdício de material, em direção ao sucesso de sua palestra. Veja que o movimento é proporcional à energia que você investe. Essa é a sua parte no acordo, pois o vagão não se move sozinho.

Quando o Código é usado, todo o esforço investido nas suas apresentações retorna em aprendizado, qualidade e sucesso ao microfone. Por outro lado, sempre há o caminho de ler este livro e ficar sentadinho tomando café.

É uma delícia, mas não funciona. No terreno do sentir-se bem, há obras muito mais adequadas. Se minhas palavras não criarem desconforto algum no leitor, terei falhado miseravelmente. Sabe por quê?

Se fosse só para assentar as dormentes, deitar os trilhos e arrumar um vagão, seria trabalhoso, mas não tão desafiante. A questão é que o terreno por onde precisamos viajar para aprender a marcar mentes e corações com as palavras não está livre. Bem ao contrário, está cheio de construções aleatórias que atravancam a passagem. Foram colocadas ali desde os dias escolares, acumuladas na faculdade e na vida profissional.

NÃO É POR ACASO

Na verdade, essas tranqueiras não são tão aleatórias assim. São impressões e lembranças presentes nos terrenos que encontramos pelo caminho. Muitos maus hábitos de comunicação a que fomos expostos acabaram por ser internalizados. Como não tínhamos parâmetros objetivos para separar o joio do trigo, achamos que era o natural e copiamos.

Informações lançadas na audiência como orégano em pizza, vozes monocórdias e *slides* com tanto texto que serviriam de apostila são só a face visível desse fenômeno. Pense comigo: tivemos de conviver com milhares de aulas maçantes, trabalhos em que éramos obrigados a decorar o que dizer e apresentações tão cruéis que deveriam ser consideradas punições. Alguns congressos de que participei não foram muito diferentes disso. Nada como os intervalos para salvar nossa sanidade.

Claro que há exceções. Toda honra a elas! Pena que nem sempre temos condições de identificar o que ajudou uma eventual palestra a se tornar tão agradável e instigante. Ingenuamente, atribuímos o sucesso do outro a um evento cósmico. Marte e Saturno se alinharam no momento do nascimento, e aquele humano veio ao mundo com o dom da palavra.

Nada mais errado.

Todo bom palestrante um dia foi um mau palestrante. O eterno Winston Churchill conduziu a Inglaterra na Segunda Guerra Mundial com discursos que ficaram para a história. O que quase ninguém sabe é que ele desmaiou antes do primeiro discurso como deputado na Câmara dos Comuns.

O megainvestidor Warren Buffet nos conta que, até os 20 anos de idade, era absolutamente incapaz de falar em público. Só de pensar, ficava doente. Fisicamente. No entanto, seu primeiro trabalho foi vendendo seguros, e o silêncio havia deixado de ser uma opção. Ele sabia que se comunicar bem era um requisito para o sucesso e matriculou-se num curso da Dale Carnegie – que, tempos depois, ele consideraria sua experiência de aprendizado mais importante.

No caso de Buffet, aquilo não era o fim da história, mas o começo. Logo depois do curso, começou a dar aulas em uma universidade para aperfeiçoar o que havia aprendido. Alguns anos depois, quem o visse num palco diria que ele nasceu com o dom da palavra. Santa ironia.

Eventualmente alguém me elogia depois de uma boa palestra, citando o dom da palavra. Sempre respondo:

"Você não faz ideia de quanto custa nascer com esse dom". No meu caso, tem sido caro. Afinal, quem para de aprender esquece o que sabe.

Gostaria muito de ter encontrado mais cedo os princípios condensados neste livro. Teria me poupado centenas de horas e litros de energia. Caso você tenha ficado incomodado porque energia se mede em joules e não em litros, saiba que até para os nerds há esperança.

CAPÍTULO 4

AS ARMADILHAS DO CAMINHO

Antes de entrarmos no Código em si, vamos dar uma conferida nas práticas que não funcionam. Elas são persistentes por uma razão simples – convivemos com elas desde sempre. Uma vez ouvi que somos mais atraídos pelo que é familiar do que pelo que nos faz feliz. Pura verdade. São deficiências que repetimos ao ponto de nem parecerem más. Por causa disso, chegamos a confundir o que fazemos de certo ou errado.

Um bom exemplo é a Maria (uso o nome verdadeiro para manter o anonimato). Toda vez que a encontro, recebo agradecimentos pelo que ela aprendeu comigo numa oficina de apresentações. Conhecendo-a, espero os lamentos que virão em seguida. Maria diz que não consegue acertar e que sempre vai mal no palco.

Eu já a vi em ação e sei que isso está longe da verdade. Ela chegou à oficina com certa experiência e até alguns cursos técnicos ministrados no currículo. Ainda assim, tem a sensação de que vai mal. No caso dela, essa sensação é causada por sintomas resultantes da ansiedade. A Maria treme, sua frio, e o pulso acelera. Para ela, isso seria a prova de que não estaria indo bem.

A história que ouço de quem assiste a suas apresentações é bem diferente. Eles, como eu, veem uma mulher de raciocínio limpo, criativa e empática. Ou seja, uma ótima palestrante. Na última vez em que a encontrei, lembrei a ela que tremer não é indicativo de fracasso.

Todos já vimos palestras ruins e muitos, como eu, já tivemos a oportunidade de aprender com o próprio constrangimento no palco. Conhecemos os sinais: pessoas indo embora, afundadas no celular ou dormindo. Ponto. Esses seriam sintomas de fracasso. Tremer não é um deles.

Passemos, então, às armadilhas mais comuns na preparação da mensagem. Para isso, nada melhor que um caso real. Veja quantas armadilhas você consegue identificar.

DESPREPARANDO A APRESENTAÇÃO

Um belo dia, há mais de dez anos, o chefe me procurou com um pedido simples. Eu precisaria preparar uma apresentação sobre a auditoria que havia coordenado. Sem problemas, pensei. Eu conhecia o assunto, transitava no básico do PowerPoint e tinha dois dias de prazo. Era tempo mais que suficiente. Começaria o trabalho no primeiro horário do dia seguinte.

PRIMEIRO ATO: TUDO DOMINADO

Depois de uma noite bem dormida, cheguei à minha estação de trabalho. Café ao alcance da mão, passei os olhos nos portais de notícias e estava pronto para começar. Olhei para a tela e parei. Silêncio. Ela olhou para mim e perguntou, "e agora?"

"Preciso começar a apresentação", pensei, "amanhã preciso mandá-la pro chefe, que vai dar uma revisada". Como o produto que eu iria enviar para ele seria um arquivo .ppt, decidi abrir o PowerPoint. Assim ganharia tempo. Eu desenvolveria a apresentação enquanto elaborava os *slides*. Sinergia aplicada poupa tempo e esforço!

Com o programa aberto, passei um tempo dedicado à escolha de um *template*. Não podia ser um qualquer. Eu queria transmitir uma mensagem subliminar de harmonia com o tema da apresentação. Passei meia hora fazendo isso.

A primeira tela pedia um título. Digitei o título da auditoria no local apropriado, depois inseri meu nome, numa fonte menor, um pouco mais abaixo.

Página dois. E agora? Poderia estampar o assunto principal de cara, mas fiquei inseguro. E se houvesse alguém entre os presentes que não conhecesse o contexto da auditoria? Achei melhor começar bem do início, embora não tivesse uma ideia clara de como seria esse início.

Lembrei-me de apresentações que começavam com uma agenda: um *slide* com os tópicos que seriam abordados. Decidi adotar esse caminho. Agora eu precisava pensar nos tópicos que colocaria na tal agenda. Mas pra que a pressa? Devemos encarar um desafio de cada vez. Eu usaria o primeiro tópico para explicar aos menos informados o histórico daquele trabalho. Assim, quando eu entrasse realmente no assunto, todos saberiam do que estávamos falando.

SEGUNDO ATO: CONTEXTO
Eu ainda não sabia como organizar as informações dos tópicos seguintes, e fiquei um tempo olhando para aque-

le *slide* de agenda com um tópico só. Comecei a ficar agoniado. Afinal, a manhã estava no fim e só havia dois *slides*. E o segundo ainda estava incompleto! Tive então uma ideia salvadora. Por que ficar ali parado, se poderia preparar os *slides* que explicariam o histórico da auditoria?

Abri um novo *slide* com o objetivo de contextualizar os desinformados. Como começar do princípio? Parei um momento para ponderar qual seria o princípio para compreender o assunto da auditoria. Digitei o tema no navegador e fui parar na página da Wikipédia que explicava aquele termo. Hummm... aquilo me pareceu uma boa ideia. Quem sou eu para discutir com o Google?

Capturei a definição que estava na Wikipédia, tasquei o texto no *slide* e pronto, o terceiro *slide* nasceu. O primeiro de conteúdo! Já me sentia melhor. Nada como ver o trabalho progredindo para levantar o ânimo.

Aproveitei o embalo, catei mais informações na Wikipédia, misturei com o texto que explicava por que aquele trabalho tinha sido feito – e cheguei ao quinto *slide*. Seriam 15 *slides*, de modo que um terço do caminho estava vencido. Fui almoçar sentindo-me bastante satisfeito comigo mesmo.

Comecei a tarde com dificuldade para manter o ritmo, mas não parecia nada com que me preocupar – eram aqueles momentos em que o estômago cheio concorre com o cérebro. A tarde seguiu avançando mais rápida que minha produção. Lá estava eu parado, diante do *template* vazio, encarando o tópico pré-configurado do PowerPoint. "Vou começar com a metodologia", pensei, "ou talvez com o foco do trabalho. Será que preciso mesmo colocar a metodologia numa apresentação tão curta? Coloco o objetivo logo no começo ou no fim?"

Minha cabeça se transformou num labirinto de dúvidas e fiquei inseguro de escolher uma direção. Não queria seguir num caminho só para trombar num beco sem saída. Seria desperdício de energia. Entre cutucadas superficiais aqui e ali nos *slides*, fui ficando paralisado pela falta de clareza enquanto a ansiedade avançava com os ponteiros do relógio. Nunca havia reparado que eles poderiam ser tão ágeis.

Fui para casa perdido. Não havia produzido um *slide* decente nas últimas horas. O saldo do dia fechou com a contextualização acrescida de algumas telas soltas com títulos genéricos: "Metodologia adotada", "Objeto de auditoria" e "Objetivo do trabalho".

Acordei com a mente um pouco mais clara. Eu teria duas horas para encaminhar a primeira versão da apresentação para o chefe. Essas duas horas *tinham* que render, custe o que custasse. Ao chegar diante do computador, eu sabia o que fazer. Eu ainda não tinha convicção sobre a melhor forma de organizar as informações, no entanto, a premência do tempo me mostrava o único caminho viável. Eu iria ignorar os caminhos do labirinto em que havia me enfiado e atravessar as paredes como o Pernalonga fugindo de um caçador.

TERCEIRO ATO: O CONTEÚDO
Na prática, parei de pensar no enredo. Coletei as informações sobre o trabalho e fui espalhando-as nos *slides* conforme apareciam na minha frente. Ia sacando do Word

e jogando no PowerPoint, como se estivesse jogando sal na tapioca. Metodologia? Peguei o primeiro parágrafo, que explicava a ideia geral, e pronto. Objetivos? Dei um *copy* em todos eles e *paste* na área de tópicos do *template*. Não coube? Só diminuir a fonte. Vamos acrescentar os "achados de auditoria"? Idem.

Dessa forma os *slides* foram se multiplicando. Quando vi, tinha mais de vinte! Incrível! Reclamei comigo mesmo por não ter pensado nisso antes e encaminhei a "apresentação" para o chefe em cima do laço. Agora era só esperar pelo melhor.

À tarde, o chefe, que também não entendia muito de apresentações, não viu nada de estranho naquele arranjo de informações. Ele fez poucas sugestões, como adicionar outro *slide* depois de um particularmente entulhado – provavelmente para dividir os entulhos –, corrigir a gramática e ajustar a coesão trocando a ordem de alguns assuntos.

A apresentação estava pronta.

QUARTO ATO: EM CAMPO

Antes de ir a campo, estudei à beça. Tinha medo de surgir alguma pergunta mais capciosa. A ideia era ter domínio completo sobre o assunto e evitar constrangimentos. Decorei a ordem das informações e o que explicar em cada *slide*. Nem era tão difícil, considerando que haveria um monte de pontos bem explicados na própria tela, bem diante dos olhos das pessoas.

No fim, a apresentação ocorreu como esperado. Comecei com o histórico, e passei pela fase de contextualização sem sustos. Falei dos objetivos do trabalho, segui pela metodologia e expliquei as razões das escolhas que fizemos. No fim, mostrei os "achados" – o nome que damos ao principal produto de uma auditoria – e concluí com os possíveis efeitos das recomendações propostas.

Não inventei, não corri riscos, não me expus demais. Apesar dos tropeços iniciais na elaboração dos *slides*, o trabalho foi desenvolvido com correção e o conteúdo estava organizado. Um exemplo clássico de apresentação corporativa para interessados e superiores hierárquicos.

O resultado também foi clássico, e isso não é algo bom. As pessoas estavam lá e, dentro do razoável, esforçaram-se para prestar atenção. Aqueles diretamente envolvidos ou muito interessados demonstraram mais energia, embora não chegassem à metade dos presentes.

Um contingente comum nessas reuniões é composto de pessoas que devem saber o que se passou, ou seja, precisam estar informadas. Outro grupo é formado pelos que foram convidados porque alguém imaginou que se interessariam por aquilo, mas não tinha certeza. Estes possuem menos combustível emocional para acompanhar o assunto. Quando passamos pelas partes mais operacionais, como metodologia e técnicas utilizadas, eles costumam pensar "o que eu estou fazendo aqui?"

Eis o momento em que o cérebro escorrega para a distração e as mãos adquirem autonomia operacional e ficam inquietas. Num segundo, os celulares aparecem e tarefas sempre adiadas, como agendar uma consulta com o veterinário, verificar as milhas do cartão de crédito ou pesquisar um curso on-line de meditação, ganham prioridade súbita.

Aproximando-me do fim, lancei um "estou acabando" para recuperar alguns. Ainda assim, terminei com metade dos presentes realmente presentes. Agradeci a todos a atenção e a paciência, embora nem todos merecessem. Recebi os cumprimentos de praxe, respondi a meia dúzia de perguntas e torci para que houvesse um longo interregno até o próximo compromisso desse tipo.

Sobrevivi, mas não muito feliz. Somente numa zona de guerra ou em face de um problema sério de saúde a sobrevivência pode ser considerada uma vitória. Não deixei uma marca positiva.

NADA DE NOVO NO *FRONT*

O que aconteceu, afinal? Não é difícil entender. Os pilares da apresentação estavam tortos e as técnicas empilhadas sobre eles não se sustentaram. Caso tenha sido criterioso, você provavelmente contou mais de uma dezena de armadilhas na elaboração da apresentação. Na improvável possibilidade de ter identificado menos de cinco, prepare-se para ler este livro duas vezes.

Veja a estrutura de apresentação abaixo e pergunte-se se lhe é familiar. Seja sincero!

Bom dia,
Fui convidado para falar do tema X. Como não tenho muito tempo, tentarei ser breve.
O Tema X é DEFINIÇÃO.
O Tema X nasceu em ANO e desde então HISTÓRICO.
As ORGANIZAÇÕES Y e Z adotam o Tema X. Com isso, resolveram o PROBLEMA ou aproveitaram a OPORTUNIDADE.
O Tema X funciona assim:

Tema X – Partes que o compõem
Tema X – Detalhes de como ele funciona
Tema X – Resultados esperados
Obrigado pela atenção e paciência.

Nunca subestime o poder do condicionamento. A receita acima é uma variação do modelo CONTEXTUALIZAÇÃO – PROPOSTA – RESULTADOS ESPERADOS. Segundo as Danstatísticas, 90% das apresentações seguem esse formato.[2] Pense nas últimas a que assistiu – se conseguir se lembrar delas – e você encontrará resultados parecidos.

É provável que você mesmo siga essa linha, afinal, ela se tornou confortável. Agora temos uma decisão a tomar. Você pode continuar com essa abordagem, que é segura de certo modo, embora apresente tendências soporíferas. Entenderei perfeitamente. Mudanças são desconfortáveis. E mudanças em público podem ser aterrorizantes.

Vamos entender o motivo de o modelo clássico ser um convite à distração. O cérebro consome 20% da energia do corpo. Um único órgão! Imagine a conta de luz consumindo um quinto dos seus rendimentos. Você gastaria eletricidade com muito cuidado.

A energia mental tem pressões semelhantes, por isso somos programados para procurar ganhos de eficiência o tempo todo. Nesse ponto, uma palestra "clássica" é cheia de perigos. É comum, na contextualização inicial feita para nivelar a plateia, não haver algo novo ou provocante, espe-

---

2 Danstatísticas: estatísticas que se baseiam puramente na minha experiência, sem o menor compromisso com o método científico.

cialmente para os que possuem qualquer familiaridade com o tema. Nessa hora, o cérebro grita "tá vendo? Estamos perdendo tempo! Vamos responder mensagens, que será mais útil".

Existem armadilhas assim por todo o caminho. Aos poucos, você vai entender onde elas estão e como evitá-las. Haverá um efeito colateral. Você vai se tornar mais chato. Como os defeitos vão ficar mais evidentes, um TOC de julgamento implacável com outras apresentações vai aparecer com o tempo.

CUIDADO, MESTRE: PALESTRA NÃO É AULA

Depois assistir a duas ótimas palestras na abertura da Semana da Produtividade no TCU, uma colega que acompanhava o evento disparou: "as palestras foram incríveis, nem vi o tempo passar. Na verdade, nem pareciam palestras!"

Tomei um susto. Ora, se aquilo não se parecia com palestras, eu havia esquecido o que seria uma. Logo entendi o porquê da bagunça cognitiva. Ela havia assistido a tantas apresentações chatas que a definição de "palestra" tinha se consolidado no espectro do tédio profundo. Para ela, se não fosse chato, não era uma palestra.

– Ora, o que a gente viu agora é exatamente o que acredito ser uma palestra, argumentei. Foi dinâmico, informativo e divertido.

Ela pareceu considerar o argumento, afinal, eu estava naquela conversa como especialista no assunto.

– Então estou confundindo palestras com aulas, raciocinou minha colega. É isso! Na verdade, o que a gente viu não se parece com uma aula. É que muita gente dá palestra como se estivesse dando aula.

Eu ri. Bastante. Embora acredite que as aulas também devam ser dinâmicas, informativas e divertidas, tive que concordar com ela dessa vez. Quem sobreviveu aos anos de escola e universidade sabe exatamente o que ela quis dizer. Não são todos os professores que sustentam aulas com alto padrão de conteúdo e engajamento. É fácil identificar os bons professores. Quase todos podem ser encontrados nas homenagens de formatura.

Não que os professores não sejam capazes de ministrar boas aulas, pelo contrário. Desenvolver uma habilidade não costuma ser o problema para pessoas reconhecidas pela capacidade de aprender. Mudar a forma de pensar e ensinar é mais difícil. Um bom professor, que acompanha a turma durante vários meses, larga bem na frente de um palestrante. A razão é simples: ele tem mais oportunidades para construir conexões de qualidade.

CONEXÃO COM AS PESSOAS

Quem recebe 30 minutos de microfone precisa se ligar com a plateia nos primeiros momentos, construir um *rapport* firme e passar a mensagem da forma mais colorida possível.[3] Um bom professor, por outro lado, começa a aula com um relacionamento construído em encontros anteriores. Um sonho!

---

3 *Rapport*: técnica usada para criar uma ligação de sintonia e empatia.

Nos cursos que ministro, o segundo dia é sempre melhor que o primeiro e o terceiro é melhor que o segundo. Ninguém se torna mais inteligente ou simpático de um dia para o outro. A magia acontece por meio da dinâmica construída entre o professor e a turma.

Quando ministrava cursos com meu amigo Wesley Vaz, tínhamos um acordo simples. Eu gostava do desafio de quebrar o gelo. Chegava com muita intensidade e encarava as primeiras doze horas. Ele, com a experiência de mais de dez anos de magistério e um currículo de homenagens nas costas, preferia a segunda metade do curso.

O resultado era rico e divertido. Ao fim de um dia e meio, minha energia estava acabando. Ele pegava a turma, que nesse ponto já havia desenvolvido uma identidade própria, e a conduzia magistralmente até o encerramento do curso.

Numa palestra, essa dinâmica mais cadenciada não costuma funcionar. Aí está a armadilha perfeita para professores. Ao "ensinarem" a mensagem usando o ritmo mais cadenciado de sala de aula, podem deixar de construir uma ligação forte com a plateia. Receita do tédio.

Dito isso, não há dúvida de que bons professores também se tornam ótimos palestrantes. Os professores-palestrantes de sucesso percebem as diferenças de ritmo e conexão e se preparam de forma diferente para aulas e palestras. Alguns até transformam cada aula numa palestra interativa, para sorte dos alunos.

MEDO, NÃO. PÂNICO!

Desde que o mundo é mundo e as pessoas são pessoas, borboletas invadem barrigas quando há um grande desafio pela frente. Falar em público costuma ser um desses casos. E lá vêm as borboletas! Elas causam boca seca, nó na garganta, voz trêmula, enjoo, idas ao banheiro, coração acelerado, mãos frias e suor.

Quando vejo essa lista, lembro minha primeira tentativa de aproximação com uma menina. E a segunda também. São os mesmos efeitos! E não é à toa. As borboletas têm nomes. Uma se chama Adrenalina e a outra, Cortisol. A festa que elas fazem é o que chamamos de estresse. As borboletas chegam quando nosso corpo sente que está diante de uma ameaça. E quem acha que uma menina (ou um menino) não é uma ameaça deve ter pulado a adolescência.

Para nós, humanos, falar em público é o rei dos medos. Assim que um compromisso desse tipo aparece, as asas coloridas das nossas amiguinhas começam a se animar. Entretanto, não queremos espantá-las. O plano é fazer amizade com elas para que nos ajudem e não baguncem a casa toda quando vierem. Lembre-se de que elas virão de qualquer jeito. Se não podemos vencê-las...

Quando estão domesticadas, as borboletas trazem uma ansiedade bem-vinda. Lembram aquela vibração que sentimos antes de uma prova para a qual estamos bem preparados. Não é tão diferente assim no caso de uma apresentação em público. Precisamos de adrenalina para reagir aos estímulos. Para me relacionar melhor com essa ansiedade, sigo três princípios.

1º Amizade exige convivência: não fuja da raia. Quanto mais experiência tiver no palco, mais saberá o que esperar. Depois de concluir seu curso de oratória, Buffet foi dar aulas na Universidade de Omaha. Ele nem precisava, mas queria ganhar tempo de palco e deixar de vez as inseguranças.

2º Conheça o conteúdo da apresentação e ensaie: a necessidade de improvisar deixa as borboletas empolgadas.

3º Faça contato visual com a plateia e sorria: isso acalma as borboletas. Pode falar, sorrindo, que está nervoso. Tenha a convicção de que estão torcendo por você!

O principal componente nessa batalha, no entanto, é a confiança de que você está no caminho certo. Para isso, precisamos conhecer e dominar os elementos essenciais de uma apresentação.

Note a atitude que um atleta preparado demonstra ao encarar seus adversários em competições importantes. Não existe alguém mais confiante que o Cristiano Ronaldo. Há muitos jogadores confiantes por aí, mas ninguém se compara ao português. Em 2012, numa partida contra o Dínamo Zagreb, ele foi vaiado. Ao ser perguntado sobre a razão da vaia, respondeu: "é porque sou bonito, rico e jogo muito bem. Eles estão com inveja. Não tenho qualquer outra explicação".

Pode-se argumentar que isso passa da confiança e torna-se arrogância, mas o princípio continua válido. O português, assim como outros jogadores, é absolutamente confiante em campo porque domina os fundamentos necessários para fazer grandes partidas. Ele pode até ficar ansioso antes de jogos decisivos, no entanto, isso não altera sua postura. Quando olhamos para Cristiano Ronaldo, encontramos a confiança de quem sabe o que está fazendo.

O que veremos adiante também não acabará com a sua ansiedade, e nem queremos isso, mas lhe mostrará o caminho para desenvolver confiança em público.

PARTE II

ENGAJAR CONVENCENDO

CAPÍTULO 5

O CÓDIGO DAS APRESENTAÇÕES QUE MARCAM

O bilionário Warren Buffett concluiu alguns cursos superiores em sua vida. No entanto, o único diploma que ele exibe no seu escritório é o de oratória, que cursou há 50 anos.

Buffett matriculou-se duas vezes. Na primeira vez, teve tanto medo de ser chamado para falar diante dos colegas que cancelou o curso. "Só de pensar nisso, eu ficava fisicamente doente", explicou, "chegava a vomitar".

Depois de se formar em contabilidade, ele arrumou um emprego como vendedor de seguros. Ao ver novamente o anúncio da Dale Carnegie, matriculou-se. Desta vez, concluiu o treinamento. Mais de meio século depois, Buffet não tem qualquer dúvida de que essa habilidade fez muita diferença ao longo de sua impressionante carreira.

Em 2009, em discurso para formandos na Universidade de Columbia, Buffet voltou a esse ponto. Declarou-se disposto a dar 100 mil dólares naquele dia em troca de 10% dos ganhos futuros dos presentes. No entanto, para quem tivesse a habilidade de falar em público, ele ofereceria 150 mil dólares.

O bilionário estima que a capacidade de se comunicar bem em público aumenta em 50% os prospectos de uma pessoa. "Na graduação, você aprende um monte de coisas complicadas, mas o essencial é ser capaz de levar os outros a seguir suas ideias", finaliza.

PARA ALÉM DE INFORMAR, INFLUENCIAR

Uma apresentação vai muito além da transmissão de um conjunto de informações. Se o propósito é apenas disseminar informação, sugiro enviar um e-mail. Alguém poderia argumentar que a maior parte do que é encaminhado por e-mail não é realmente lido e, portanto, não é absorvido. Concordo plenamente. Só acrescentaria que o nível de absorção não é muito diferente da maioria das apresentações. Não queremos ser um memorando humano com *slides*, em que a intenção pode até ser boa, mas a execução é capaz de curar qualquer insônia.

Como profissional de TI que fui, frequentei congressos por décadas. Rapidamente aprendi que deveria levar uma leitura auxiliar na pasta – todos andavam com pastas, mochilas eram coisa de criança. Os palestrantes iam se sucedendo no palco e todos ganhavam alguns minutos de atenção gratuita. Eles tinham uma chance de merecer o precioso foco que o meu TDAH permitia. Depois disso, ou o sujeito ganhava minha atenção, ou ela escorria para outro assunto ao alcance das mãos, como um livro ou periódico. Só o que mudou, desde então, foi a mídia.

Uma apresentação que se preze não se limita a passar informações. Eis alguns exemplos que vão além disso:
- Convencer da necessidade de certa iniciativa
- Provocar o questionamento de preconceitos e certezas
- Encorajar à ação ou à mudança
- Obter apoio para um projeto
- Ajudar na tomada de decisão em certa direção
- Compartilhar uma boa prática (ou convencer que se trata de uma)
- Vender, no senso estrito

Tudo muito nobre e bonito, mas para isso há um pré-requisito: os presentes precisam decidir prestar atenção em você.

ENTRETER É PRECISO

Não é sem razão que a pirâmide do conhecimento do Institute for Applied Behavioral Science ensina que absorvemos somente 5% do que ouvimos. Será que esse desempenho pífio é resultado apenas de nossa incapacidade como ouvintes, ou há algo a ser feito do outro lado do microfone?

Certa vez, ao chegar cedo a um evento em que iria palestrar, assisti a uma apresentação sobre segurança da informação ministrada por um coronel do Exército. De forma muito técnica, ele cobriu o máximo de teoria possível a respeito do assunto. Foram quinze tópicos de informação crua em uma hora, sem histórias ou ilustrações.

Como o auditório estava meio vazio, senti-me obrigado – em sinal de respeito – a prestar atenção o tempo todo. Até hoje me lembro do estresse, emocional e cognitivo, que passei ali. Nem durante minhas crises de vesícula 60 minutos passaram tão dolorosamente. Tenho certeza de que não consegui absorver sequer os 5% de praxe. Mas lembro o número de tópicos. Quinze!

O primeiro passo é compreender o desafio que entreter representa. Lembre-se de que os que estão diante de você, de modo geral, não foram obrigados a estar ali, a não ser que você seja muito importante.

Imagine, então, que as pessoas estão prontas para ouvi-lo por meia hora. Quantas ainda estarão com você depois de 15 minutos? Os resistentes cansam em 20 minutos. A melhor forma de renovar a disposição do público é entretê-lo.

Entreter não significa ter que dançar, cantar ou contar piadas. Significa que a mensagem deve ser apresentada de forma interessante. Devemos "distrair" a audiência com o que temos a oferecer. Se nossos espectadores vão se distrair de qualquer forma, então é melhor que seja com a mensagem. Foram lá para isso!

Felizmente, podemos desenvolver a habilidade de entreter – só não é de graça. Há uma trilha aberta até ela, mas precisamos encontrá-la e percorrê-la. Aos que continuam crendo que a obrigação de quem faz uma apresentação se limita a transmitir os aspectos técnicos, sugiro deixar esta leitura de lado e ir assistir à Netflix.

De agora em diante, focaremos nossa atenção em como construir a mensagem de forma que ela entretenha a plateia, seja engajante e, quem sabe, até divertida. Há um termo cunhado para isso, o edutenimento, derivado do inglês *eduteinment*.

MANTENHA O ESQUELETO NO ARMÁRIO
Assim como um espantalho só fica de pé com um "esqueleto" improvisado, como um pedaço de pau, qualquer apresentação precisa de uma estrutura básica para não se transformar numa sopa de tópicos. Por isso, entendo quando alguém decide preencher o segundo *slide* com uma ementa, enumerando os pontos a ser tratados na

palestra. Previsibilidade traz segurança, tanto para quem apresenta como para quem assiste. Agora, gostaria de convidá-lo a considerar a questão de outro ângulo, mais primitivo.

A natureza criou tipos diferentes de esqueleto para dar forma à vida. O primeiro a surgir na Terra foi o exoesqueleto, que veste caranguejos, besouros e outras criaturas igualmente simpáticas. Ele forma uma carapaça em torno das partes moles do corpo, que lhe são muito estimadas. O exoesqueleto é eficaz contra presas de predadores. Há quem desista de uma caranguejada por causa disso.

O papel do exoesqueleto, além de sustentar, é trazer proteção e segurança. Tenho certeza de que o Homem de Ferro concordaria comigo e iria além. Se o exoesqueleto é tão bom, por que esses bichos não dominaram o mundo? Talvez ainda o façam, considerando o aquecimento global, a possibilidade nuclear e a resiliência das baratas.

Porém, a não ser que você seja o Tony Stark, há mais desvantagens que vantagens nas carapaças. Para começar, ele é rígido e não permite ampla liberdade de movimento. Além disso, é custoso demais para o organismo, que precisa gerar um esqueleto novo toda vez que cresce.

O endoesqueleto, por sua vez, provê a estrutura básica para o corpo. Os órgãos também são sustentados por ele, embora não estejam completamente "protegidos". Nesse modelo, há mais flexibilidade de movimento e amplo potencial de crescimento, uma vez que o esqueleto cresce com o corpo. Na escala evolutiva, o endoesqueleto está muitos passos adiante.

Na forma mais comum de estruturar uma apresentação, elaboramos uma ementa ou agenda – normalmente materializada em um slide – com os pontos a ser abordados. Depois evoluímos pelo conteúdo, seguindo os tópicos informados. Sem dúvida, é uma abordagem segura.

É a segurança que está por trás de "técnicas" como essa: *primeiro, fale o que você irá dizer; segundo, fale o que você tem a dizer; e terceiro, fale o que você disse.* Falta acrescentar o quarto passo: toque uma sirene para acordar a plateia.

Ao fazermos isso, temos uma mensagem do tipo exoesqueleto, ou seja, a estrutura está aparente. Todos enxergam os ossos da mensagem sem precisar de raio X. Torna-se uma apresentação do tipo formiga – pode até ser eficiente, mas é previsível. Não é à toa que há umas 100 milhões de formigas para cada rato. Você pode procurar, mas não vai encontrar exoesqueletos no repertório de palestrantes profissionais ou em conferências do tipo TED.

Ao contrário do que se pratica por aí, a estrutura da apresentação não precisa estar à vista de todos. Precisamos evoluir para o endoesqueleto, como fizeram aves e mamíferos. Qualquer pardal voa mais alto que uma abelha.

O endoesqueleto da palestra é a estrutura que sustenta a mensagem por dentro. A grande diferença em relação à agenda ou ementa do segundo *slide* é que a sustentação ocorre de forma implícita e indolor.

O esqueleto interno permite mais flexibilidade no controle do tempo e conduz a comunicação do conteúdo sem quebras, sustentando uma conexão de melhor qualidade com a plateia. Além disso, sem contar a todos o que está adiante, facilita a preparação de surpresas – um reforço clássico da conexão.

A ESTRUTURA QUE SEMPRE FUNCIONA

A composição básica dos dois tipos de esqueleto é parecida, pois envolve abertura, desenvolvimento e conclusão. No entanto, podemos remover esses componentes da vista da plateia, para ganhar fluidez e multiplicar a qualidade da atenção.

Melhor que isso, vamos usar uma estrutura interna da apresentação que se conecta naturalmente com nossa forma de pensar e aprender. Depois de aplicar centenas de vezes esse modelo e analisar milhares de apresentações de sucesso, posso afirmar que essa estrutura funciona sempre. Ela tem três pilares fundamentais:

PROVOCAÇÃO, em vez de uma *abertura* simples.

COMPLICAÇÃO, no lugar do *desenvolvimento*.

RESOLUÇÃO, expandindo a conhecida *conclusão*.

Como você pode ver, temos como estrutura:
PROVOCAÇÃO → COMPLICAÇÃO → RESOLUÇÃO

Estudaremos cada parte dessa estrutura nos capítulos 6 a 8. Veremos, em seguida, como fechar a apresentação com uma bela chave de prata para que ninguém esqueça sua mensagem.

CAPÍTULO 6

ABRINDO O JOGO

As pessoas levam de um a três minutos para decidir se vão prestar atenção ao palestrante. O tempo é inversamente proporcional ao déficit de atenção de cada um. Como é um momento muito crítico, o início da apresentação pode comprometer ou turbinar o que vem adiante. Não devemos delegar para a plateia a responsabilidade de decidir entre nos ouvir e pensar nas contas que estão vencendo.

Quando comecei a jogar tênis, logo descobri qual dos golpes seria o mais difícil: o saque. Ele combina um conjunto de movimentos complicados (ao menos para mim) com o fato de que só temos duas chances. Se errarmos a segunda, o ponto será do adversário. Por causa disso, a maioria dos jogadores menos experientes prefere não arriscar. Só coloca a bola em jogo com um saque meio frouxo. O adversário adora.

A abertura de uma apresentação deve combinar um conjunto de movimentos com o objetivo de despertar a plateia para o que está por vir, criando conexão e introduzindo o assunto. Mas, ao contrário do tênis, você não tem duas chances. São segundos para convencê-la de que você é mais legal que o *smartphone*, seu adversário.

Para tornar o desafio mais emocionante, o início é o momento em que estamos mais nervosos. As borboletas no estômago estão destruindo nossos nervos. Queremos segurança! E assim acabamos no caminho de sempre: começar com uma contextualização sobre o assunto, mais a ementa da palestra ou vice-versa. Isso sem falar nas platitudes presentes na maioria dos minutos iniciais, como:

- Falar que temos pouco tempo. Ora, se o tempo é curto, use-o com o que interessa!
- Agradecer a meio mundo. É duro, mas as pessoas não se importam tanto assim com quem convidou você. Agradeça em particular. Reconheço que elogios funcionam melhor em público – mas eu não os usaria na abertura.
- Contar o que viemos pensando. Não agrega, a não ser que haja uma boa história aí.
- Contextualizar o assunto para nivelar o conhecimento – a mais comum e perigosa de todas.

Ou seja, colocamos a bola em jogo com um saque frouxo. Eu fazia isso também. Depois, não entendia o esforço que custava para engajar as pessoas no assunto. Não raro, quando o conteúdo principal era apresentado, a turma já estava dispersa e a maldição dos celulares estava instalada.

Quanto à contextualização na abertura, compreendi depois que a maior parte das pessoas não precisa dela. É contraintuitivo, mas a turma precisa de menos informação para compreender a mensagem do que você imagina.

Diante do meu nariz estava uma verdade curiosa: iniciar com nivelamento, históricos e definições é chato e dispensável. Se fosse realmente preciso contextualizar, provavelmente seria necessária outra apresentação.

Pense comigo. Você tem um minuto para convencer as pessoas a prestar atenção em você. Tem certeza de que vai gastá-lo contextualizando?

COMO SEQUESTRAR A ATENÇÃO

Provavelmente você nunca teve a oportunidade de ser sequestrado. Eu também não, mas sei que, num sequestro, a pessoa que está no polo passivo da relação não costuma dar opinião a respeito do assunto. É o sequestrador que planeja e decide como acontecerá o ato. Ao sequestrado, cabe apenas seguir o roteiro.

O primeiro minuto de uma palestra é precioso por uma razão. Você tem a atenção das pessoas, embora ainda não tenha feito nada para merecê-la. Ela está ali de graça, pronta para ser capturada. No entanto, não vai ficar dando sopa por muito tempo. As distrações contemporâneas se encarregarão de dissipá-la em breve.

Ou seja, nesse momento a cognição da plateia está disponível para um sequestro. O plano é simples: não dar opção. Nenhum sequestrador de sucesso pergunta à vítima se ela gostaria de viver momentos inesquecíveis. O bom palestrante captura a atenção das pessoas sem dar espaço para dispersão.

Para alcançar o efeito de captura, o primeiro caminho é a provocação. Não me entenda mal. Provocar não significa antagonizar. Queremos despertar os sentidos e a curiosidade de quem nos assiste. Uma forma de chegar lá é criar lacunas de conhecimento na plateia. A curiosidade é poderosa. Vejamos como fazer isso.

LEVANTE UMA QUESTÃO INSTIGANTE

Wendy Suzuki esteve no palco do TEDWoman de 2017 para falar sobre seu trabalho em neuroplasticidade e os efeitos do exercício físico no cérebro. A mensagem central da apresentação reforçava que exercícios fazem bem para a cabeça. Não é um tema especialmente provocante para pessoas bem informadas. Muito já se falou sobre isso em livros, palestras e documentários.

A palestrante poderia ter começado de uma forma segura, falando que iria discorrer sobre a relação entre o cérebro e uma vida ativa. Depois, poderia enfileirar tópicos com os assuntos cobertos por sua pesquisa, a metodologia que a equipe usou e as principais conclusões. Soa familiar?

Ela não foi por esse caminho. Sabia que isso seria uma sentença de morte – por chatice – para o objetivo de tornar seu trabalho mais conhecido, e assim alcançar muito mais gente. Susuki partiu, então, para a provocação por meio de perguntas. Foi assim que ela abriu o TED:

E se eu lhe contasse neste momento que há algo que você pode fazer, e que teria um efeito positivo imediato no seu cérebro, inclusive no seu humor e na sua concentração? E se eu lhe dissesse que os efeitos disso duram muito, muito tempo, e que realmente protegem seu cérebro de doenças como depressão, Alzheimer ou demência? Você toparia fazer?

Quando a plateia respondeu, Susuki já havia conseguido uma atenção de ótima qualidade. Em suas perguntas, havia promessas e riscos com os quais a plateia se identificava. Observe que, de cara, ela abriu uma enorme lacuna de conhecimento.

Vejamos o que as pessoas deveriam ouvir para fechar essa lacuna. Primeiro, a palestrante precisaria entregar a fórmula mágica para tantos efeitos positivos no cérebro. Ao afirmar que o segredo estava nos exercícios físicos, outras lacunas foram imediatamente abertas. Como isso acontece? Em quanto tempo? Qual é o esforço necessário para os tais benefícios darem as caras? Ao longo dos 15 minutos seguintes, Susuki foi cumprindo a promessa implícita de preencher esses espaços na cabeça das pessoas e sustentando a atenção delas.

Para funcionar como abertura, uma questão precisa cumprir dois requisitos. Primeiro, não pode ter uma resposta óbvia. Por exemplo, você não deve perguntar quanto é 8 + 5, pois a resposta surgirá imediatamente e não haverá necessidade de ouvi-la. Ou seja, não será criada uma lacuna de conhecimento.

Segundo, a questão deve ter alguma relação com a plateia. Uma provocação que não toca nas preocupações ou interesses das pessoas não é uma provocação. Do que adianta perguntar a melhor forma de cortar contrafilé para um grupo de veganos?

FAÇA UMA DECLARAÇÃO DE IMPACTO

Uma declaração de impacto é a forma mais usada para criar lacunas de conhecimento. Embora não seja tão direta como a questão instigante, costuma criar várias perguntas de uma vez na cabeça da plateia.

Imagine que um cardiologista abra uma palestra para pessoas de meia-idade com a frase: "em dois anos, metade das pessoas aqui terão problemas cardíacos!" Agora, pense nas dúvidas que surgirão nos presentes.

– Será que eu estou na metade que ficará doente?
– Se eu estiver, o que posso fazer para sair dela?
– Como me manter fora do grupo de risco?
– De onde ele tirou essa ideia?
– Será que ele vai criticar o consumo de bacon ou de carboidratos?

Com essas lacunas de conhecimento bem plantadas, podemos considerar que a atenção está capturada. Nos minutos seguintes, o doutor do coração terá que cumprir a promessa implícita de preencher essas lacunas. Promessas à plateia são sagradas.

Um ótimo exemplo de declaração de impacto que sequestra a atenção pode ser encontrado no simpático TED sobre como amarrar sapatos. Foi o primeiro TED de menos de três minutos da história. Veja como Terry Moore, diretor de uma fundação que se dedica a explorar *insights* de diferentes visões de mundo, inicia sua fala:

Costumo pensar no público TED como uma maravilhosa coleção das pessoas mais efetivas, inteligentes, intelectuais, informadas, viajadas e inovadoras do mundo. Eu acho que isso é verdade. No entanto, também tenho razões para acreditar que muitos de vocês, talvez a maioria, estejam amarrando seus sapatos da forma errada.

Com essa abertura, Moore conseguiu boas risadas e cativou a atenção das pessoas. Também recebeu a obrigação de provar que a frase não era uma alucinação.

Se você tiver condições, interrompa esta leitura e assista a "Como amarrar sapatos?" No momento em que escrevo este livro, o vídeo se aproxima de sete milhões de visualizações. Nesses três minutos, Moore concentra os princípios essenciais de uma boa apresentação de forma magistral. Voltaremos a ele adiante.

Há fórmulas diversas para criar uma declaração de impacto, como apresentar estatísticas surpreendentes ou mesmo fazer uma promessa, especialmente se o evento tiver uma pegada motivacional. Amy Cuddy recorreu a isso em sua famosa apresentação "A nossa linguagem corporal modela quem somos", na conferência TEDGlobal de 2012:

> Eu quero começar oferecendo a vocês um truque de produtividade pra vida que é grátis, não tecnológico, e que tem como único requisito que vocês mudem sua postura por dois minutos.

Na verdade, foi quase isso. Em vez de "truque de produtividade pra vida", ela disse *lifehack*, que não tem tradução direta, mas o sentido é parecido. É por isso que bons tradutores merecem todo o respeito. Deixando de tergiversar, vemos que Cuddy não tem nada de boba. Ela fez uma promessa de ganho de desempenho a um custo baixo para uma plateia que ama eficiência.

A palestra trata simplesmente da influência que as posturas corporais causam nas nossas emoções e em nossa reação a certas situações de pressão. Se estivesse fazendo uma apresentação corporativa, dessas que vemos aos montes, a palestrante abriria com um histórico do departamento onde trabalha, passaria aos objetivos da pesquisa e acrescentaria detalhes desinteressantes sobre a ótima metodologia aplicada para evitar questionamentos futuros. No fim, a postura corporal da plateia demonstraria menos energia que uma pilha vazada esquecida dentro de um brinquedo.

Tanto uma declaração de impacto como uma questão instigante despertam a curiosidade e provocam o desejo de saber mais. Qualquer uma dessas alternativas é melhor que começar destilando uma contextualização e depois colocar a culpa nos *slides*.

CONTE UM CAUSO

A outra forma de criar engajamento logo no início é contando uma história curta. Como seres humanos, fomos programados para prestar atenção nelas. Uma boa história, além de criar conexão de boa qualidade e baixo custo, fornece uma referência útil e uma ótima fundação para a mensagem.

Sem rodeios, essa é a forma de que mais gosto. Sinto

que começar direto com uma história desperta a plateia com pouco risco. Quando digo "direto", significa que não há rodeios de espécie alguma. O exemplo a seguir reproduz as palavras que usei para começar uma dezena de palestras – logo depois de receber o microfone!

Pessoal, boa tarde! Há alguns anos, fui com minha esposa assistir ao show do Andrea Bocelli em São Paulo. Ficamos na casa de amigos que moravam próximos ao local do evento. Seriam dez minutos de carro. Saímos uma hora antes antecipando dificuldades no trânsito.

Pelo aplicativo de GPS, faltavam 12 minutos. Cinco minutos depois, o aplicativo apontava 16 minutos para o destino. Mais cinco, e agora eram 20 minutos de trajeto. No auge, faltavam 26 minutos para chegar ao estacionamento planejado. Nesse ponto, eu estava ao lado do destino. Só que do lado errado.

Olhei para Patrícia, minha esposa. Sorri como quem tinha controle absoluto da situação, enquanto fazia orações silenciosas sem ter ideia do tempo que aquilo levaria. Em poucos minutos, elas foram respondidas pelo mesmo aplicativo. Ele soou um alarme e me sugeriu outro estacionamento, a seis minutos dali.

Quando chegamos, havia uma placa onde se lia: "show preço único = 80 reais. Por esse valor, até achei que o show poderia ser ali mesmo, na garagem. Quando embicamos o carro, o segurança se aproximou e perguntou pelo ingresso, que entregamos, mesmo achando estranho o funcionário do estacionamento conferir o bilhete do show. Ele devolveu o papel impresso em casa e levantou a cancela. Surpreso, olhei para a Paty e disse: não pergunte nada!" Não fomos cobrados. Não sabíamos que aquele tipo de ingresso dava direito ao estacionamento.

Foi uma boa experiência, que ficou melhor ainda ao fim do show, quando apareceu para uma participação especial essa moça [nesse momento, um slide mostrava Anitta ao lado de Andrea], que, para minha surpresa, sabia o que estava fazendo lá, cantou muito bem e estava usando um vestido longo.

Já usei essa história para abrir palestras de assuntos diversos. Quando tratava de gestão de TI, por exemplo, eu a ligava com a experiência do usuário. Também funcionou com inovação, gestão de riscos e governança. Com o tempo, o causo ganhou humor e objetividade.

Há um cuidado a observar. A história inicial não deve ser muito comprida. É cedo para testar a paciência da turma.

Devo confessar que uma abertura provocante não é garantia de sucesso, mas nos fornece alguns bons minutos de atenção. É a oportunidade de que precisamos para entrar no coração da mensagem.

COMO POTENCIALIZAR A PROVOCAÇÃO

As três opções apresentadas neste capítulo buscam provocar a plateia por meio de gatilhos mentais. Tanto a questão instigante como a declaração de impacto usam o gatilho da curiosidade para criar uma lacuna de conhecimento. No caso da história, ela própria é um gatilho.

Também vale combinar as opções de abertura. Você pode misturar história com pergunta, declaração de impacto com história, ou até tudo junto. Só precisa fazer sentido! Dois gatilhos numa só abertura podem torná-la ainda mais provocante.

Começar com uma provocação traz a iniciativa para o palestrante, assegurando alguns minutos de atenção. A plateia deseja ver onde aquilo vai dar e permanece com ele. Esse tempo é útil para levar as pessoas aonde elas precisam ir, mas não sabem ainda.

Soa paradoxal, mas costumo planejar o que vou dizer no primeiro minuto da palestra somente na fase final de preparação, quando o conteúdo está fresco na memória. Escolher ou montar uma boa provocação dá trabalho, mas não há melhor uso para o primeiro minuto de uma apresentação.

Lembre-se de que sequestrar a atenção da turma é a primeira missão do palestrante. Tudo o que expusemos sobre a abertura são formas de alcançar esse objetivo. Vamos tratar agora de segurar essa atenção e preparar o terreno para a mensagem.

CAPÍTULO 7

CONVERSANDO COM O CORAÇÃO – OU A AMÍGDALA

O desafio de manter as pessoas atentas não seria complicado num mundo perfeito e feliz, onde todos ansiassem pelo conhecimento que pode acrescentar algo em suas vidas, sem se preocupar com o esforço necessário para obtê-lo.

A realidade é mais cruel com oradores e espectadores. Não me orgulho disso, mas perdi a conta das vezes em que estava assistindo a uma apresentação e, quando dei por mim, o celular estava na mão com um *app* aberto. Nem me lembrava de tê-lo tirado do bolso.

Não adianta lamentar a falta de foco da "geração de hoje" ou o desinteresse dos presentes. Temos que conversar com a parte do cérebro que exerce mais influência na decisão de prestar atenção.

Podemos acreditar que passar tempo esforçando-se para aprender determinado assunto é uma decisão lógica, tomada sopesando os resultados esperados com o investimento dos minutos à disposição. Ledo engano. Falo isso com a autoridade de quem escreveu estas linhas imediatamente depois de desperdiçar mais de uma hora com um *game* bobo no celular, que era obviamente mais divertido.

Esse é um jogo duro entre o que *desejamos* e o que *precisamos* fazer num determinado momento. Quem já teve de estudar um assunto que não curte conhece a sensação de ficar enrolando, a ponto de preferir lavar louça, olhar pela janela ou depilar-se a encarar textos ou equações.

Nem sempre percebemos que os impulsos e as emoções são gerenciados pelo sistema límbico, que cuida das respostas automáticas a certos incentivos. Quando estamos diante de um sujeito armado e com uma postura estranha, esse sistema reconhece a ameaça e grita: "Saia logo daí!" A maioria das pessoas ouve a mesma mensagem diante do microfone.

O psicólogo Daniel Kahneman, na obra *Rápido e devagar*, dividiu didaticamente nosso modo de pensar e tomar decisões em sistemas 1 e 2. O primeiro, automático, associativo e não consciente, exige pouco esforço cognitivo quando dispara reações e decisões. O segundo é lento e controlado. Custa energia cognitiva.

Quando você age sem pensar, como numa compra por impulso, quem decidiu foi o sistema 1, que tem sede no sistema límbico. Quando você pensa antes de agir e pesa as consequências futuras, como ao escolher salada em vez de hambúrguer com bacon, é o sistema 2 em ação, situado em outra área do cérebro – o córtex pré-frontal. Responsável por processos mais elaborados, ele é ativado quando desempenhamos ações de planejamento e controle inibitório.

Evidentemente, há ocasiões em que o impulsivo sistema 1 toma uma decisão e depois manda o sistema 2 dar um jeito de explicar. Isso é comum quando sem querer falamos algo que não devemos. Depois do ato falho, tentamos achar justificativas.

Ora, o sistema 1 é o responsável pelo instinto de sobre-vivência e pelas reações primais aos estímulos ao nosso redor. Ele atua também, ainda que indiretamente, quando estamos num auditório assistindo alguém falar. Quando o sistema "conclui" que você está jogando energia fora e correndo risco de morrer de tédio, dispara uma reação de desconforto. Para ele, não faz sentido continuar investindo ali.

O alerta alcança o sistema 2, que recebe o recado e começa a trabalhar para responder ao pedido de alívio. Nesse ponto, você passa a procurar um motivo para desconectar-se e sair daquela situação.

Já devem ter passado pela sua cabeça, durante uma aula, pensamentos do tipo "depois eu leio sobre isso", "isso aí não vai me ajudar em nada" ou "responder à dúvida que o meu tio enviou ontem sobre o LinkedIn é mais importante agora". Perceba que o argumento nem precisa fazer muito sentido para nos convencer.

A minoria mais disciplinada racionaliza que é preciso prestar atenção assim mesmo e paga o preço de aguentar até o fim. O motivo de os perseverantes serem tão poucos é simples: o custo de prestar atenção é muito alto numa apresentação maçante.

O cérebro gasta energia à beça – 20% das calorias diárias. Ou seja, proporcionalmente mais que o ferro de passar na sua casa. A mente gosta de eficiência. Ela foi treinada biologicamente para poupar calorias. Podemos *reconhecer*, usando o racional sistema 2, que o assunto é importante, mas o sistema 1 não trabalha assim.

Em certo momento, o sistema límbico tem certeza de que não vale a pena continuar, ainda que o sistema 2 discorde. Nesse ponto, só os obsessivos sobreviverão aos insistentes pedidos de desconexão. Os demais escorregarão para o conforto do celular.

O QUE NOS MOTIVA

Até aqui, vimos por que é tão difícil sustentar uma atenção de boa qualidade da plateia. Agora, conheceremos os estímulos que funcionam como iscas para o cérebro, a cenoura que leva o pônei adiante. Assim como há o que nos desconecta, existem elementos com efeito inverso. Somos programados biologicamente – olha o sistema límbico aí de novo – para prestar atenção em três categorias de informação sensorial.

A mais comum é a disponibilidade de alimento. Há uma razão para tantas pessoas preencherem o Instagram com imagens de comida. Gordura, açúcar e proteínas têm um apelo primal para nós. Estão associados à disponibilidade de energia e, portanto, à sobrevivência.

Outra categoria que remete a impulsos evolutivos da espécie é a necessidade reprodutiva. É por isso que belas e belos modelos desfilam em passarelas e posam em exposições de automóveis. O sistema límbico é acionado e atrai a atenção naquela direção. Um belo carro está logo ao lado da isca humana, e a marca da empresa ganha projeção.

Ainda que os dois primeiros estímulos ajudem, estamos mais interessados na terceira categoria, a ameaça. Da mesma forma que tendemos a prestar atenção em oportunidades de alimentação e reprodução, ficamos ligados quando nos sentimos ameaçados.

Cresci no Rio de Janeiro. Eu gosto da cidade, que mistura tradição, contrastes e uma beleza capaz de constranger muitas outras. Por mais que hoje curta visitá-la, admito que lá aprendi a examinar os passageiros cada vez que subia num ônibus. Já sofri meia dúzia de assaltos e testemunhei outro tanto. Aprendi a prestar atenção. Passei a observar como possíveis agressores olhavam ao redor, se vestiam ou se comunicavam. A qualquer sinal de perigo, eu descia do coletivo, ainda que meu destino estivesse longe.

Eu não precisava fazer um esforço consciente para ficar alerta. Só relaxei quando me mudei para outro estado, no início dos anos 2000.

Outro exemplo: não tenho como saber em que data você está lendo estas palavras, mas posso imaginar que tipo de notícia está passando no jornal. A maioria conta histórias tristes, discorre sobre problemas sérios e traz maus presságios. Você vai ficar desanimado por causa de uma menina que nunca viu nem verá, mas que está sofrendo por causa das ações de algum sujeito perturbado. Ou porque o governo não consegue resolver um problema antigo, de modo que ter esperança só pode ser fruto de incurável ingenuidade.

Os jornais e portais de notícias não fazem isso por maldade, eu acho. No fim das contas, a "responsabilidade" pela morbidez dos assuntos vem da própria audiência. Mais precisamente, do sistema límbico dela. Afinal, notícia é algo inesperado, como a tragédia que atinge alguém que poderia ter sido o espectador. Ele é capturado pela sensação de ameaça, e o drama alimenta a atenção. Vamos ver como trabalhar com esses impulsos a favor da mensagem, para levá-la ao coração das pessoas.

CATIVEIRO LÓGICO

Do que adianta sequestrar a atenção só para deixá--la passeando na chuva? Não se iluda: a chama da conexão construída em uma boa abertura é frágil. Ela tende a escapar em pouco tempo. Precisamos prendê-la, e para isso vamos construir um *cativeiro lógico*.

Observe que não há uma vírgula entre "cativeiro" e "lógico". Não se pode trancar as portas do auditório. Além de ser crime, a escola já nos ensinou que não adianta nada.

O que precisamos fazer para prender a atenção sequestrada na abertura está longe de ser maldade. Vamos apenas pegar carona nos impulsos naturais da humanidade, ou seja, na nossa atração biológica por encrencas, como acabamos de comentar. Lembre-se de que a espécie humana é a única na natureza capaz de criar problemas para si mesma.

Chamo de cativeiro lógico um lugar projetado e construído especialmente para segurar a conexão com a plateia. É lá que a atenção deve ser compelida a ficar – voluntariamente. Precisamos, para tanto, de uma boa estratégia. Os resultados chegam a ser curiosos.

"Você quase me arrumou um problema renal!" Ouvi essa frase inusitada de um simpático senhor depois de uma hora e meia de palestra, num conselho profissional em São Paulo. Pedi desculpas e perguntei a razão. "Quando você começou, eu estava com vontade de ir ao banheiro. Estava esperando um espaço para dar uma fugida, mas não consegui. Não apareceu uma oportunidade. Saí correndo na hora do intervalo." Ele achou a palestra imperdível, mas eu sei o que se passou. Ponto para o cativeiro. Vejamos como ele funciona.

BEM-VINDA, COMPLICAÇÃO!
Como vimos, estamos diante de uma dura verdade. Somos mais motivados pela percepção de risco ou pela dor do que por oportunidades. O desconforto é querosene da aviação motivacional. A turma do marketing descobriu isso há eras.

Um teste fácil: você está com as consultas dentárias

em dia? Poucos estão. Não temos tempo. Agora, imagine que você esteja com dor de dente. Em quanto tempo você marcaria uma visita ao dentista? Da última vez que topei com uma dor dessa, descobri que havia um espaço na minha agenda para o mesmo dia. Mas o que isso tem a ver com o cativeiro lógico?

No cativeiro, as circunstâncias ficam tensas, ameaçadoras. Devemos abraçar esse estado de perigo. Curtimos falar e ouvir sobre complicações que nos afetam ou são de nosso interesse. Ao menos, chamam a atenção.

Não estou defendendo aqui que você deva adotar essa pegada como filosofia de vida. Longe disso. Existem pessoas em número suficiente que fazem isso o tempo todo e de graça. Na igreja que frequento, há uma senhora que traz uma tragédia nova cada vez que conversamos. Ela gosta especialmente de falar da (falta de) saúde dela, das filhas ou de algum conhecido. O estoque de histórias tenebrosas é infinito.

Devemos reconhecer, no entanto, a atração que uma boa complicação exerce sobre nós. Esse é o centro do cativeiro lógico. Mas, para nós, o que significa "complicação"? É a projeção, no tempo, de um problema não resolvido.

Ora, podemos supor que sua mensagem pretende tornar algo melhor. Pode ser um novo processo de trabalho, uma maneira inovadora de resolver um problema ou um alerta para uma questão que precisa ser enfrentada.

Agora, imaginemos um futuro em que a tal questão não tenha sido enfrentada. Pinte as dificuldades conhecidas e, com o tempo, agravadas. Ou seja, *sem* a ideia – ou o projeto, a mudança, o investimento – que você está trazendo, algo vai ficar pior ou deixar de melhorar. Eis a *projeção, no tempo, de um problema não resolvido*, a tal da complicação.

Para projetar essa dura realidade no futuro, você pode explorar estas perguntas:

- Que dificuldades evitáveis vão se tornar realidade?

- Qual será o efeito disso?
- Que riscos se agravarão?

Por causa da complicação, o contexto que se avizinha se mostra ameaçador e dolorido.

CONSTRUA UMA BOA COMPLICAÇÃO

As respostas para as perguntas acima ajudarão a pintar esse quadro de forma viva, levando nossos espectadores a visualizar o tamanho da encrenca. Conforme eles compreendem a complicação, o cativeiro vai tomando forma. E segurando-os.

Depois de deixar a vice-presidência dos Estados Unidos e perder a eleição para Bush filho, Al Gore passou a se dedicar a causas ambientais. Ele fez isso mesmerizando plateias com a palestra *Uma verdade inconveniente*, proferida milhares de vezes. A palestra fez tanto sucesso que virou um documentário premiado em 2006.

Ainda que concordemos que a causa seja nobre e que um ex-vice-presidente dos Estados Unidos tenha acesso a muitos ouvidos, sua mensagem se sustentou porque era cativante. Ela tinha um enredo perturbador. Al Gore persuadiu milhares de pessoas de que o planeta estava aquecendo e de que isso teria consequências horríveis para a humanidade. A premissa era boa e foi desenvolvida com uma "complicação" bem convincente.

Pintar um quadro de cores fortes com as palavras não requer dons especiais, mas exige algum esforço. O primeiro passo é achar uma história que ilustre a complicação. Se for possível, mais de uma. Falaremos sobre histórias adiante.

Por ora, preciso dizer que, embora tenha visto boas complicações compostas somente de exemplos e dados, uma história sempre torna a experiência mais rica. Cabe um esforço extra para trazer à plateia um caso pessoal, mostrando como você experimentou os efeitos da complicação. O ideal é que ela seja montada com todos estes elementos:

HISTÓRIA + EXEMPLO + DADOS + ENVOLVIMENTO PESSOAL

Como em qualquer adição, a ordem das parcelas não altera o resultado. Além disso, não há necessidade de esses elementos estarem separados. Se a história e o envolvimento pessoal vierem juntos, tanto melhor.

Depois de algum tempo no cativeiro lógico, as mentes entenderão bem a questão a ser enfrentada – composta pelo problema a ser resolvido e as dores a serem evitadas. Quanto mais reais forem as dores para a plateia, melhor. Elas acionam o sistema límbico, que guia impulsos que direcionam os desejos de prestar atenção ou de distrair-se.

Para alcançar esse efeito de tornar as dores reais para a plateia, precisamos usar um recurso que é a mãe de toda conexão com o público, a empatia.

QUE A COMPLICAÇÃO SEJA EMPÁTICA

Os cativeiros mais efetivos são aqueles em que a plateia se vê dentro do problema. Em outras palavras, é quando o palestrante consegue apresentar a complicação do ponto de vista da plateia.

Infelizmente, os palestrantes tendem a apresentar soluções de uma posição externa. De alguém que conhece a questão como especialista. Curiosamente, isso acontece até nas palestras sobre *cases* de "boas práticas" implementadas pelo próprio orador. O problema tende a ficar distante das pessoas. O impulso do palestrante é seguir a sua intuição pouco confiável e focar direto na solução. Ingenuamente, ele acredita que não há nada mais importante do que isso.

Esse foco hiperconcentrado na solução acontece por causa de um fenômeno conhecido como espelhamento. O sujeito que precisa convencer os outros é também aquele que tem o conhecimento mais profundo da questão a ser enfrentada, do desconforto resultante e dos riscos e consequências de não agir. Quando apresenta uma ideia, ele tende a crer que os demais enxergam a questão de forma parecida. Afinal, se é óbvio para ele, deve ser para os demais, não é?

Embora sejamos treinados pelas redes sociais a reconhecer que há muita gente estranha no mundo, ainda é curiosamente natural a crença de que as pessoas compartilham a nossa percepção do problema ou oportunidade, ou até nossa visão de mundo. Lembre quantas vezes um amigo expressou uma opinião "absurda" – na sua opinião – sobre um tema simples como a política monetária em tempos de recessão, os experimentos médicos com animais ou a proibição de canudinhos de plástico.

Acreditar que a sagacidade e elegância da solução – ou da mensagem – será suficiente para convencer os presentes é como apostar na Mega-Sena com fé nos números escolhidos. Por outro lado, a plateia sensibilizada pelas complicações causadas pela ausência da solução ou da mensagem apresentada terá o interesse e o engajamento multiplicados pela promessa de como lidar com o problema.

Tenhamos em mente que a complicação se torna empática quando as pessoas se veem dentro dela. Nesse momento, a reação que você busca na plateia é o "eu também!" Quando seu interlocutor se enxerga dentro do enredo, você alcançou o Santo Graal da comunicação.

A empatia produz cumplicidade mesmo no curto tempo de uma apresentação. Nesse ponto, você demonstrou que compreende o que o outro enfrenta e que está habilitado a mostrar um caminho para sair dali.

Já que mencionamos "sair dali", é bom informar que a fase do cativeiro deve ter um fim. Ninguém gosta de ficar preso! O objetivo do cativeiro lógico é preparar o espírito das pessoas para o coração da mensagem. Enfim, depois de uma temporada cheia de complicações, desejamos

resolvê-las! Eis a janela de oportunidade que estávamos
esperando

CAPÍTULO 8

A HORA DA VERDADE

Já disse que nunca fui sequestrado, mas quando criança experimentei ficar de castigo. Desenvolvemos certa ansiedade para acabar com aquilo. Numa apresentação, a complicação tem esse objetivo – criar o desejo de resolvê-la e, assim, sair do "cativeiro".

Lembre-se de que iniciamos sequestrando a atenção, para em seguida passar por um período de complicações no cativeiro lógico, de modo que as pessoas desejem a solução do enrosco.

A vontade de sair do cativeiro, de conhecer a solução da complicação, é o que abre a janela de oportunidade: o ponto em que a plateia está madura e disposta a ouvir o que você tem a dizer. Como palestrantes generosos, ficaremos felizes em oferecer o que ela quer.

A JANELA DE OPORTUNIDADE

Até aqui, preparamos corações, mentes e – perdão pela redundância – o sistema límbico para fazer surgir uma demanda emocional pela solução prometida. Uma vez criada a janela de oportunidade, é chegada a hora em que você finalmente apresenta a mensagem, preenchendo o espaço preparado no coração da plateia durante o cativeiro.

Recordemos novamente. Primeiro, fizemos o sequestro da atenção. Depois, prendemos a atenção no cativeiro. Agora, ela usará a janela de oportunidade para escapar. É o momento de dar seu recado.

Enquanto você descrevia as agruras de uma situação não resolvida, um fenômeno estava em andamento. Surgia a sensação de incômodo e o desejo por uma solução. A promessa de solução fora feita no título ou na abertura. Agora, todos aguardam o palestrante cumprir com a palavra.

Nas apresentações tradicionais, essa expectativa não é trabalhada. Parte-se da contextualização, onde o objetivo ou problema é apresentado brevemente. Logo depois, a solução proposta é descrita, com ênfase no seu processo de criação e modo de funcionamento. Por fim, quase sempre se exploram os resultados esperados. Normalmente vemos o seguinte:

CONTEXTUALIZAÇÃO-SOLUÇÃO (ORIGEM E OPERAÇÃO)-RESULTADOS ESPERADOS

Em vez disso, propomos aqui:

PROVOCAÇÃO – COMPLICAÇÃO – RESOLUÇÃO

A primeira abordagem só segura os muito interessados e os gigantes da concentração. No entanto, o caminho para o sucesso em público não passa pela abordagem tradicional. É uma rua sem saída.

QUE ALÍVIO!

Nunca subestime o valor de resolver uma complicação. Alívio tem poder. Foram muitas as noites calorentas da minha infância sem ar-condicionado. O Rio só tem duas semanas de inverno por ano. Uma das melhores sensações do verão, durante todo o resto do ano, era virar o travesseiro para refrescar a cabeça.

Na lista das melhores sensações do mundo, há sempre aquelas relacionadas com o fim de algum desconforto:

- Tirar um sapado apertado depois de um dia movimentado.
- Beber água fresca com muita sede.
- Pegar no sono quando exausto.
- Alimentar-se após longo jejum.
- Tomar um bom banho (se estivermos imundos e não formos crianças).
-

A janela de oportunidade é o momento de resolução

de toda a complicação criada. Dá um alívio! No entanto, tenha muita calma nessa hora. Vamos ver como aproveitar o momento e turbinar o efeito da mensagem.

E AGORA?

Os olhos estão em você. As pessoas estão ouvindo e a janela de oportunidade está aberta. Ainda assim, não devemos descuidar da qualidade. Se você quiser que a mensagem fique marcada na memória das pessoas, é preciso ancorá-la. A informação deve ser bem embalada. Metáforas, exemplos e histórias são boas embalagens.

METÁFORAS

Aristóteles costumava dizer que "as palavras comuns só servem para reforçar o que já sabemos. É pela metáfora que aprendemos algo novo". Ele conhecia como ninguém o valor do aprendizado por meio da associação de conceitos.

Quem somos nós para discordar do filósofo? Stephen King, em seu livro *Sobre a escrita*, recorre às metáforas como quem bebe água depois de uma crise renal. Ele explica, por exemplo, que histórias são como gemas escondidas. Sabemos mais ou menos a direção e onde podemos encontrá-las, mas não exatamente como são, seu tamanho ou seu potencial. O trabalho do escritor é escavar até encontrá-las. Depois, elas devem ser extraídas com muito carinho dos pensamentos e levadas para o texto, até que a narrativa apareça como deve ser.

King poderia ter explicado isso de outra forma, menos alegórica, afirmando que ao escrever não se tem uma ideia clara de como a história se desenvolverá e que dá um trabalhão avançar sem saber se, no fim das contas, terá valido a pena. Se ele tivesse escrito dessa forma, porém, os parágrafos acima não existiriam. Sem a metáfora para ancorar a informação, eu não teria me lembrado do que o mestre King ensinou.

EXEMPLOS

A informação pode ter significados diferentes para quem fala e para quem ouve. O sujeito que prepara a apresentação sabe de onde ela veio, suas aplicações e seus efeitos. Os que estão assistindo possuem bem menos intimidade com ela.

Considere um acadêmico de Física usando a palavra "entropia". A maior parte de nós, mortais ignorantes, já a escutou, mas não sabe o que isso quer dizer. O mestre também sabe disso. Ele tenta explicar, afirmando corretamente que "a entropia mensura a quantidade de estados disponíveis uma vez satisfeitas as restrições impostas ao sistema". Ajudou?

Se o físico tiver pouco tempo, estará numa situação difícil. Não dá para elaborar demais nem partir para a definição acima, que é tão precisa quanto inútil. Uma saída seria perguntar em quanto tempo uma gaveta de roupas sai do estado de arrumação para o caos. A entropia mede o potencial de bagunça dessa gaveta. Se ela tiver alta entropia, estará bagunçada em pouco tempo. A não ser que você aplique energia externa, arrumando-a constantemente.

Que os puristas da ciência me perdoem por invadir

solo sagrado nessa tentativa mambembe de explicar o conceito de entropia. Talvez tenha ficado mais claro. Ou menos obscuro. O exemplo do dia a dia funciona como uma âncora, ao passo que a citação entre aspas transcrita da Wikipédia, apesar de exata, escorreria pelo cérebro sem deixar vestígios.

HISTÓRIAS

Somos programados para memorizar histórias. Nada se compara à capacidade delas de colar na massa cinzenta que há entre as orelhas. Você provavelmente já assistiu a uma palestra e não lembra quase nada do que foi abordado, embora ainda se recorde de uma história contada pelo palestrante.

Histórias são as melhores âncoras para qualquer informação, mensagem ou recado. Metáforas e exemplos são efetivos, claro. Se estiverem inseridos em uma boa narrativa, sua capacidade de ancoragem será multiplicada.

Vamos ver o que faz uma história funcionar, bem como as arapucas que ela traz, no capítulo dez. Até lá, lembre-se de duas coisas: conte histórias e conte histórias.

CAPÍTULO 9

MARCAS PROFUNDAS

Ao seguir as etapas de provocação, complicação e resolução, a mensagem evolui de forma contínua. Fazemos de início a provocação, para em seguida apresentar o problema a ser enfrentado ou as questões que necessitam de mudança. A complicação é a sequência natural de uma situação em que há um problema ou uma necessidade não suprida. Nos minutos seguintes, descrevemos como a situação irá evoluir se nada for feito, com todas as consequências da falta de ação.

Temos, agora, apresentadas uma questão não resolvida e suas prováveis consequências. É o clima perfeito para expor as soluções. Todos estão ansiosos por escapar do terrível futuro que se avizinha. É a hora do "como". Nessa hora, revele a resolução – o coração da mensagem.

O CÓDIGO DAS APRESENTAÇÕES QUE MARCAM
Notou o código?

PROVOCAÇÃO – COMPLICAÇÃO – RESOLUÇÃO

Cada fase do código está representada, respectivamente, pelo sequestro da atenção, pelo cativeiro lógico e pela janela de oportunidade. Essa sequência é o cerne do Código das Apresentações que Marcam:

- abrimos com uma provocação, sequestrando a atenção dos presentes;
- desenvolvemos uma complicação, levando a atenção de todos ao cativeiro lógico;

- partimos para a resolução, para aproveitar a janela de oportunidade.

Gostaria de convidá-lo agora a um breve exercício. Pegue seu celular, que deve estar perto de você. Resista ao impulso de verificar mensagens, abra o Google e pesquise "TED como amarrar sapatos". Você vai encontrar a palestra de apenas três minutos do Terry Moore, a mesma que citamos quando falamos sobre como sequestrar a atenção.

Embora curta, essa apresentação contém todas as fases listadas acima. Tente identificar o sequestro da atenção, o cativeiro lógico – note a complicação, que ele ilustra com uma história – e a janela de oportunidade.

O modelo funciona em três, 15 ou 40 minutos. Contanto que você se lembre disso...

HORA DE CONCLUIR A APRESENTAÇÃO

Enfim, a mensagem foi apresentada e parece que não há mais o que fazer com o microfone. A maioria dos profissionais agradece a paciência de todos e se manda. Está feliz por ter concluído a missão e saído vivo.

Quando criança, eu ouvia músicas que sempre terminavam em repetições do refrão e redução do volume em *fade* até o som morrer, transformado no silêncio que precedia a música seguinte. Hoje, as canções têm um encerramento melódico que faz muito mais sentido.

Assim como as canções crescem até seu clímax para depois terem a conclusão devida, uma apresentação deve terminar com um final digno, cheio de intensidade, e não com o simples esgotamento do assunto. Vejamos como fazê-lo.

O FIM ESTÁ PRÓXIMO: *CALL BACK*

"Estou quase acabando." Quando o palestrante percebe que a energia das pessoas vai terminar antes do fim da apresentação, ele avisa que falta pouco. A esperança é que a expectativa do fim renove o ânimo da audiência.

Reconheço que a técnica funciona, especialmente na primeira vez que é usada. Assisti a apresentações mal planejadas em que a frase era repetida a cada cinco minutos, até que se tornava um apelo do tipo "agora estou *realmente* acabando, acredite em mim". Há formas mais sutis – honremos o endoesqueleto – de sinalizar que o fim está próximo. A mais efetiva é lembrar o início, ou seja, a provocação ou a história inicial.

É hora de resgatar o porquê, ou seja, de relembrar os

motivos que despertaram a atenção das pessoas no início. Ao retomá-los, trazemos de volta o ponto central da mensagem.

Certa vez, em vez de *slides*, levei um tubo de protetor solar para ilustrar um ponto sobre incentivos organizacionais para desenvolver processos de gestão mais eficazes. Eu estava com o rosto todo manchado depois de um tratamento dermatológico com nitrogênio líquido. Coloquei o tubo no púlpito e contei como a teimosia havia me levado a não usar protetor solar diariamente. Eu achava que, se não fosse passar um tempo no sol, praticando um esporte ao ar livre, por exemplo, não precisaria de proteção.

Como toda estupidez eventualmente é castigada, voltei ao dermatologista cheio de lesões. O tratamento era queimá-las. Como resultado, enquanto eu era submetido à tortura terapêutica do nitrogênio, a médica repetia "agora você vai entender a necessidade do protetor". Foram treze manchas tratadas, só no rosto.

Usei essa história para ilustrar como a ausência de processos de gestão de riscos poderia causar transtornos – olha a *complicação* aí – e prossegui com a apresentação. A mensagem consistia em convencer o público de que a adoção desses processos era um caminho com alto retorno para quem o experimentava – a *resolução*.

Por fim, chegou a hora do *call back*, o momento de recordar o começo da apresentação. Eu segurei o tubo FPS 99 e contei como me ficou marcado na memória o olhar psicopata da médica aplicando o nitrogênio, o incentivo perfeito. Desde então, nunca mais deixei de usar o protetor no rosto. Agora sim, as pessoas estavam prontas para as exortações finais.

O efeito esperado do *call back* é trazer uma nova injeção de energia ao público. Ao retomar o início, transmitimos uma sensação de completude. O ciclo lógico da palestra se fecha. O recado que mandamos é "fica esperto, que a conclusão se aproxima!"

Você não precisa avisar que está terminando a palestra para renovar a energia das pessoas. O *call back* faz isso de forma muito mais elegante.

CHAVE DE PRATA

Não encerramos com chave de ouro. Abrimos com ela, visto que o início é o momento mais crítico da apresentação. Mas não se engane: o fechamento deve receber todo o nosso carinho e atenção. Seria uma chave de prata, então.

Depois de passar a mensagem, não é hora de relaxar. Ainda. Suas palavras podem fazer todo o sentido, ter argumentos cristalinos e um potencial de transformar o tecido da realidade, mas nunca despreze o poder da inércia. Ou, para não perder o clichê, o conforto da zona de conforto.

Você sabe quais são as duas coisas que as pessoas mais detestam? A primeira é o estado atual das coisas. A segunda é a mudança. Apesar de insatisfeitos, não gostamos de nos mexer. Por isso, provocar uma ação transformadora é um desafio e tanto.

Vamos chamar de objeções as desculpas que as pessoas usam. O fim de uma boa palestra é momento certo para enfrentá-las. Atacaremos as mais comuns.

HISTÓRIA DE ESPERANÇA

"Não estou seguro de que isso funciona!" A primeira objeção é a falta de fé. Para lidar com ela, a melhor forma não é pedir um voto de confiança. Pode ser constrangedor. Por outro lado, uma história de esperança tem o poder de convencer. Somos convencidos por histórias o tempo todo. Na verdade, elas nos influenciam mais do que dados e estatísticas.

O exemplo de Amy Cuddy se aplica bem aqui. Falamos no capítulo seis que ela iniciou sua apresentação com uma declaração de impacto, ao afirmar que apenas dois minutos de certa postura corporal poderiam mudar a vida de alguém.

Quase no fim de sua fala, Cuddy contou uma história pessoal. Ela sofreu um grave acidente de carro e saiu dele com um traumatismo craniano. Durante o tratamento, recebeu um duro diagnóstico, especialmente para quem tinha a inteligência como parte da própria identidade. Sua capacidade cognitiva havia afundado. Os médicos sugeriram que ela deixasse a faculdade e se dedicasse a trabalhos que não lhe exigissem muito do intelecto, compatíveis com a sua nova realidade.

Ela não seguiu o conselho e conseguiu se formar, embora bem depois dos colegas e com muito esforço. Teimosa, foi aceita em um programa de pós-graduação em Princeton, mas viu-se acossada por pensamentos do tipo "você não deveria estar aqui, não é esperta o bastante".

Contou que, antes de uma apresentação crítica, procurou sua orientadora acadêmica para comunicar que "não deveria estar ali" e entregar o boné. Recebeu dela o conselho, ou a ordem, de "fingir" que estava confiante, ou seja, adotar uma postura de confiança e encarar o desafio. Foi um sucesso. Hoje, Cuddy é professora em Princeton e pesquisa o assunto que, de certa forma, a ajudou a superar essas dificuldades. Além disso, compartilha o que a vida e as pesquisas lhe ensinaram.

Para quem assiste à palestra, não é difícil entender os argumentos. Fazem sentido. No entanto, as histórias que Cuddy conta sobre si, e depois sobre uma estudante que superou inseguranças parecidas, elevam nossa compreensão a um nível diferente. A plateia se emociona e termina com a certeza de que se trata de uma técnica poderosa. Afinal, deu certo com gente que tinha dificuldades mais sérias que as nossas.

Para mostrar que a mensagem funciona, nada é mais poderoso que uma história de esperança.

CHAMADO À AÇÃO

Imagine que a maior parte da plateia acredita que o conteúdo recebido pode funcionar, mas está em dúvida se fará algo a respeito.

Aqui, a ciência do marketing nos ajuda a "fechar a venda". Não adianta convencer se no fim das contas o cliente não levar o produto. Essa filosofia se aplica perfeitamente às ideias que gostaríamos de levar adiante. Para isso, há três passos simples:
1) lembre os espectadores da complicação;
2) reforce os ganhos; e
3) chame-os a agir em cima do que ouviram!

Caso você considere que ainda há objeções a ser vencidas, temos mais duas ferramentas.

PASSO SIMPLES

Seus espectadores foram chamados a fazer algo a respeito do que ouviram, mas podem achar que a solução proposta é complexa demais. Sentem que não sabem por onde começar.

Indique um pequeno passo na direção certa. Se uma criança for capaz de fazer, tanto melhor. Uma pequena ação mostra um comprometimento inicial. Quem dá um passinho concreto na direção certa tem mais chance de seguir em frente do que aqueles que planejam dar um passão futuramente.

Em resumo, depois do chamado à ação, o passo simples seria como segurar na mão e mostrar o caminho. Superar objeções dá trabalho.

SENTIDO DE URGÊNCIA

Embora as pessoas possam ter compreendido a mensagem, há grande chance de a memória falhar em meio aos salgadinhos do *coffee break*.

Uma forma de reforçar o chamado à ação é conferir um sentido de urgência. A plateia pode ter entendido que precisa agir e até estar confiante de que sabe por onde começar, mas a procrastinação está logo ali. Uma injeção de motivação para que aja rápido ajuda nesse momento.

Uma boa forma de fazer isso é explorar a complicação. Lembra-se da definição dela? É a projeção, no tempo, de um problema não resolvido. Você pode comunicar urgência lembrando as encrencas que sobrevirão se nada for feito, seguidas da visão de um futuro melhor caso o chamado à ação seja atendido.

PRONTO?

Você agora conhece o suficiente para construir uma apresentação engajante, como os melhores profissionais palestrantes. Não se engane, é preciso desconstruir muito do que sabemos para poder aplicar o Código. Ainda que não seja possível aplicar tudo na primeira vez, comece a praticar o modelo.

Caso você tenha uma apresentação agendada, sugiro desenvolver primeiro o cativeiro lógico, considerando que nele reside a complicação. Esse é o centro nervoso do enredo.

Ao aplicar os princípios expostos até aqui, você alcançará o nível de palestrante *competente* e estará perigosamente perto de tornar-se *encantador*, que é o meu objetivo com este livro. Para isso, no entanto, precisamos de algo mais. Precisamos convencer inspirando!

Alcançar esse efeito não é privilégio de uns poucos tocados pelos astros. Por trás de um profissional que fala bem, de forma articulada e "espontânea", há um balde de suor. Parece contraditório, mas a verdade é que soar natural ao microfone exige uma sólida preparação. Essa é a boa notícia! Sorriso cativante e carisma pessoal não fazem mal. São traços que ajudam e até podem vir de berço. Mas o sucesso diante de uma plateia se constrói com trabalho.

Por isso, vamos focar agora nos três elementos que transformam qualquer apresentação em uma boa experiência ao fortalecer a ligação com as pessoas e aumentar a disposição delas para nos ouvir.

Esse resultado está mais próximo do que você imagina. Para alcançá-lo, confie nas próximas páginas e assuma o risco de colocar seu conteúdo em prática. Com um pouco mais de experiência, você vai descobrir o prazer de encantar.

PARTE III

CONVENCER INSPIRANDO

CAPÍTULO 10

ERA UMA VEZ...

Há alguns anos, num curso sobre governança de TI em um tribunal regional eleitoral, estavam presentes o pessoal da área de TI e do Controle Interno, que formavam o público-alvo do treinamento, mais uma servidora que trabalhava na comunicação institucional. Sempre gostei que pessoas fora da área de tecnologia assistissem aos meus cursos. Era um desafio interessante tornar o assunto acessível a todos.

No entanto, aquela era uma batalha perdida. A servidora estava na turma apenas porque o chefe havia mandado. O esforço de *não* prestar atenção devia ser uma forma silenciosa de protesto. Por mais que eu tentasse, a moça mantinha a cabeça baixa e os olhos fixos no *smartphone*. Só havia um momento em que ela prestava atenção em mim: quando eu começava a contar uma história. Enquanto a narrativa durava, ela se concentrava no que eu falava. A magia, no entanto, acabava junto com a história. Pontualmente.

A servidora não aprendeu coisa alguma naquele treinamento, mas eu, sim. Ainda que ela não quisesse estar ali, é difícil resistir a um causo. Este é o poder das histórias. Não temos defesas naturais contra elas.

Boas histórias criam conexão imediata e de boa qualidade. Podem ilustrar um ponto ou preparar o terreno para ele. Podem divertir ou emocionar. E podem ter um impacto mais forte que a força fria dos fatos, para o bem ou para o mal.

Em 1998, um grupo de cientistas liderado pelo Dr. Wakefield publicou na revista *Lancet* um estudo que sugeria haver uma relação entre a vacina contra sarampo e o desenvolvimento de autismo. O pesquisador alegava ter encontrado o vírus da doença no trato digestivo de crianças que haviam manifestado comportamentos compatíveis com o espectro autista.

Os meios de notícias, que têm atração pelo conflito e pela sensação de perigo, enxergaram a oportunidade e deram grande publicidade ao artigo. Foi então que surgiu Jenny McCarthy, atriz americana bem conhecida do público, contando a história do seu filhinho. Com menos de três anos, o pequeno Evan tinha começado a ter convulsões e apresentar sintomas do espectro autista dois meses depois de tomar a vacina MMR, contra sarampo, caxumba e rubéola.

Como celebridade, modelo e atriz em filmes e séries de relativo sucesso, Jenny tinha carisma e intimidade com a câmera. A história dela e de seu filho foi contada em inúmeros programas de TV e entrevistas. A pesquisa do Dr. Wakefield havia deixado pais preocupados, mas foi o caso de Evan que se tornou a prova fatal. No imaginário coletivo, as vacinas colocavam as crianças em risco!

Como resultado, a cobertura da vacinação infantil despencou nos Estados Unidos e na Inglaterra. Os governos e a comunidade científica reagiram. De 1998 a 2010, o assunto foi pesquisado à exaustão por cientistas ao redor do mundo, mas a alegada relação entre vacinas e autismo não se confirmou. Ao contrário, foi refutada vez após vez. Para muitas famílias, no entanto, o relato de Jenny e o sofrimento do Evan valiam mais que dezenas de pesquisas rigorosas.

O artigo de Wakefield foi desmascarado. Ele havia forjado os resultados. Foi ainda acusado de ter sido financiado por advogados que queriam ganhar uma renda extra processando a indústria de vacinas. Terminou proibido de exercer a medicina na Inglaterra em 2010.

Evidentemente, isso não reverteu a impressão inicial. Narrativas bem construídas são mais poderosas que fatos. Em 2015, depois de décadas de queda, os casos de sarampo voltaram a subir nos Estados Unidos e continuaram a aumentar até 2020. Era mais fácil crer na narrativa sofrida da mãe atriz do que nos burocratas da saúde pública ou nos pesquisadores. Jenny se tornou autora de três livros sobre maternidade e hoje defende "o uso seguro de vacinas".

Depois de tudo, ficou estabelecido que, embora os casos diagnosticados de autismo estejam em crescimento, não há relação alguma com a aplicação de vacinas. Percebeu-se que há uma guerra de desinformação que precisa ser combatida com força. As autoridades superaram a fase ingênua do "contra fatos não há argumentos", em que se acreditava que as pesquisas desmontariam uma narrativa enganosa. Agora, investem em histórias tão boas quanto a de Jenny, mas com o sentido invertido.

O QUE É UMA HISTÓRIA?

Só precisamos de uma linha para definir história:

Quem quer o quê, e o que o impede de consegui-lo.

Qualquer história deve ter um conflito como ponto central. Uma história é constituída basicamente de três partes: início, conflito e resolução. O início tem a função de apresentar o protagonista e descrever o ambiente para o conflito, que, de preferência, deve chegar logo! Durante a fase do conflito, que traz a necessária tensão ao enredo, a história ganha ritmo e consistência. Por fim, vem a fase de resolução do conflito.

Se você acha que está simples demais, vamos adicionar os requisitos de uma história completa:

- O protagonista
- Um conflito claro (contra o quê o protagonista está lutando)
- A emoção subjacente que o leva adiante

- Uma lição ou transformação clara
- Um desafio que permita uma reviravolta
- Coerência (se houver algo assustador, deve haver medo, e não paz)
- Um incidente marcante que impulsione o enredo
- Clareza sobre aonde se quer chegar
- Chegar lá!

Uma vez entrei em um concurso de contos organizado pela Amazon. Eu havia participado de uma oficina de escrita e desenvolvi uma história chamada *Sua Majestade, o gato*. Decidi inscrevê-la no último dia do prazo. Convoquei família e amigos, e tive quase vinte avaliações publicadas na loja Kindle de e-books.

No dia do resultado, acordei animado e acompanhei a divulgação. Eram vinte finalistas entre cinco mil inscritos. O *Gato* não estava lá. Subiu no telhado e se foi. Na época, achei superinjusto e considerei o texto vencedor chatíssimo. Estava lambendo as feridas, como um bom gato. Tempos depois, compreendi o motivo. Nem eu me premiaria!

QUANDO A HISTÓRIA NÃO FUNCIONA

Vamos descobrir o porquê? Leia o conto a seguir e identifique quais elementos de uma boa história, dos nove listados, não estão presentes.

SUA MAJESTADE, O GATO

Com o dia já claro, o sol tenta me despertar aquecendo meus pelos. Tenho especial predileção por começar a manhã dessa forma, competindo com a luz solar em brilho e magnificência. Ainda que a pobre estrela tenha poucas chances, sempre me permito, em nome da boa forma, claro, alguns minutos a mais de sono reparador. Será um dia cheio pela frente e minhas responsabilidades são imensas. Beleza, elegância e pedigree vêm do ninho, mas o exercício natural da autoridade e a arte de inspirar devoção exigem esforço e talento, qualidades que afortunadamente tenho de sobra.

Ouço uma porta abrir e o crescente "cloc, cloc" de passos se aproximando. Logo depois, o aroma de fígado fresco aguça meus sentidos. É a primeira das minhas oito refeições diárias. Emito um som mais agudo com a garganta, agradecendo. Um afago sempre agrada a criadagem, embora ultimamente a minha Bete ande me respondendo com um sorriso mais triste, contido. Será que ela acha que eu não noto? Ando preocupado com ela. Uma fêmea humana de quatro vezes a minha idade, de pelos cinzas e expressão cansada. Era tão animada quando me trouxe ao meu novo lar, sempre cuidando dele para mim, com alegria e cuidado...

Nos primeiros dias, Bete me chamava de Kim. Logo, outros começaram a fazer o mesmo. Estava compreensivelmente entusiasmada com seu novo senhor, este que vos fala. De pronto, providenciou uma pequena cama com almofadas azuis decoradas com coroas amarelas. Após ponderar sobre esse inaceitável grau de cafonice, fui forçado a tomar minha primeira decisão estratégica: mudar-me para um belo e macio sofá de três lugares, mais adequado às minhas modestas necessidades.

Ouço agora ruídos arrastados vindos do quarto. Deve ser o ogro que divide o quarto com minha pobre Bete. Definitivamente não há o que apreciar nele. Não compreendo por que ela o deixou vir habitar aqui e, curiosamente, nem me recordo de ter permitido isso. Deve ser uma dessas coisas que um coração mole faz pela criadagem. A questão é que ele a trata mal. Vive gritando com todos e a deixa nervosa e distraída, a ponto, veja você, de ela atrasar a troca da minha areia. Já reparei, no entanto, que ela não perde a hora de dar pedrinhas a ele. O sujeito engole várias delas, de diferentes cores e formas, todas bem organizadas em uma caixinha cheia de divisões internas.

Só de olhar para essa figura apalermada, posso notar sua clara falta de pedigree e flagrante incapacidade de reconhecer seus superiores. Volta e meia me chama de "gato" e depois fica em posição de espera. Nem sei que ideia tonta lhe passa pela cabeça. De minha parte, sigo calmamente o meu caminho, e isso parece incomodá-lo ainda mais. Ele deve imaginar, em algum devaneio, que lhe devo qualquer deferência. Confunde-me com algum latidor barulhento e bajulador, desses que gostam de enfiar o nariz você sabe onde.

Caminho até a cozinha e lá está ele, com o rosto mais vermelho que o habitual. Pulo para a cadeira ao lado e observo. Dessa vez, sua expressão sempre tensa emite sinais extras de confusão. Sinto o medo crescendo dentro dele, muito mal disfarçado. Com o rosto bem úmido, chama por Bete aos gritos e respira com dificuldade.

Ela logo chega e começa a abrir gavetas e portas de armários. Finalmente, suas mãos vacilantes encontram a caixinha das pedrinhas. Deve ser isso o que ele quer. Nervosa, ela se aproxima da mesa com a caixa. Fico exasperado ao ver esse padrão se repetindo, com Bete cada vez mais distante de qualquer paz ou equilíbrio, escravizada pelo sujeito de ira constante.

Ouço o chamado da responsabilidade. É hora de deixar claro que a vida dela não deve orbitar em torno desse elemento menor, e percebo um bom momento para isso. Reteso as pernas traseiras, calculando ambiente e movimentos. São milhões de anos de cuidadoso trabalho evolucionário convergindo para esse ponto. Com um disparo de energia, salto. É um voo preciso, como se tivesse botas, de forma que meu dorso raspa na mão que segura a caixa. Não deve ser um impacto direto, mas suficiente. Bete grita de susto, enquanto os olhos do sujeito veem em franca agonia as pedras voarem para todos os lados. Perfeito. Não esperava menos.

Como alguém avesso a comoções, evaporo dali, mas não antes de ouvir o som seco de pequenas pedras quicando sobre o piso branco da cozinha. Para minha surpresa, também ouço uma cadeira cair e o som abafado de um corpo bem mais pesado bater contra chão. E mais um grito.

Dias depois, Bete passa mais tempo comigo, acariciando meus pelos. Em paz. A sensação de fazer o bem àqueles que nos servem é muito boa, e eu não fujo às minhas responsabilidades.

Vamos aos elementos de uma história presentes no conto *Sua Majestade, o gato* – um "gabarito" sugerido, sempre aberto ao contraditório.
* O protagonista - o Gato
* Um conflito claro (contra o quê o protagonista está lutando) - A falta de atenção da Bete
* A emoção subjacente que o leva adiante - o senso de merecer mais do que estava recebendo
* Uma lição ou transformação clara - não achei lição alguma
* Um desafio que permita uma reviravolta - não há. O evento final foi uma oportunidade aproveitada pelo gato
* Coerência (se houver algo assustador, deve haver medo, e não paz) - sim. A narrativa é coerente no universo do felino
* Um incidente marcante que impulsione o enredo - não há. Quando ocorre o incidente, o conto está no fim
* Clareza sobre aonde se quer chegar - pouca

- Chegar lá! o gato chega a algum lugar

Parece complicado colocar todos esses elementos em nossas histórias? Ainda bem que uma apresentação não é o lugar mais indicado para a literatura ficcional elaborada, como nos livros da J.K. Rowling, onde Harry Potter passa por tudo isso vez após vez.

Para quem está com o microfone, tem apenas 30 minutos de tempo e suor frio nas mãos, o objetivo das histórias é "somente" reforçar e ancorar a mensagem. Para isso, a estratégia pode e deve ser mais simples. Não há necessidade de passar por todos os nove elementos.

O QUE FAZEM OS CONTADORES DE HISTÓRIAS

Nas histórias que conto, só me preocupo com o início, o conflito e a resolução. Meu intuito é entreter e engajar, para poder informar e influenciar. Para isso, um bom conflito é suficiente. O foco deve estar nele! Observe a figura:

Espero que tenha ficado claro qual deve ser a parte mais extensa da narrativa. Se você mantiver as proporções da figura, estará num bom caminho.

Imagine agora um tio, madrinha ou amigo que conte ótimas histórias. Embora pareça um dom, provavelmente trata-se de uma técnica bem terrena, aprendida por inúmeros ciclos de tentativa, erro e avaliação que somente a teimosia de quem ama contar histórias alcança.

O que há de especial nos contadores de histórias? Posso apostar um par de sapatos que funciona assim: eles mantêm o início pequeno, descrevendo apenas a informação necessária para introduzir conflito e tensão na narrativa. É nesse ponto que a definição "quem quer o quê, e o que o impede de consegui-lo" entra em ação.

Em seguida, eles buscam desenvolver o conflito para lhe dar cores vivas, carregando em drama e humor, alegria e sofrimento. Essa costuma ser a parte mais extensa da história. Fecham, então, com uma resolução curta, solucionando a tensão.

Boas histórias seguem esse roteiro. Quando não o fazem, achamos que algo soou estranho, não faz sentido, ou simplesmente que a narrativa é chata. No caso do conto do gato, o início é longo demais e o conflito custa a chegar. Isso já seria suficiente para desbalancear a narrativa.

A história que narramos durante uma apresentação tem um papel definido. Ela ajuda a formar a "trama", ligando emoções e imagens mentais aos pontos que você quer marcar na memória. As histórias são as maiores especialistas em deixar lembranças.

Há cinco anos assisti a um sermão ministrado por meu amigo Denilson Campos, que estava se mudando de apartamento. Em certo momento, ele contou que, depois de um dia inteiro de trabalho, transportando e distribuindo as inúmeras caixas da mudança, decidiu encerrar os trabalhos e preparar-se para dormir.

Como criatura do hábito, foi buscar pijama e chinelo. Onde estavam mesmo? Perguntou à esposa, que havia empacotado essa parte das roupas. Quem passou por isso sabe que a chance de alguém acertar a caixa exata é menor que a de ganhar um bolo de abacaxi em bingo de festa junina. Abriram a primeira caixa e não tiveram sorte. Tampouco acharam o pijama na segunda e desistiram na terceira.

Denilson contou como ficou irritado com a situação e com uma vontade muito natural de culpar alguém. Essa foi a ilustração do ponto espiritual que ele fez. No fim, o pijama e os chinelos foram encontrados no desencaixotamento em massa do dia seguinte.

Dois anos depois, chegou a minha vez de me mudar. Confesso que não me lembrava mais da lição específica ilustrada pelo sofrimento de Denilson. Por outro lado, uma das primeiras providências que tomei foi separar chinelos e pijama e levá-los comigo. Eu havia me identificado com aquele incômodo, sentido a dor do amigo e aprendido algo para sempre.

ANTES DE AS HISTÓRIAS FICAREM PARA A HISTÓRIA
Para quem vive em ambientes majoritariamente técnicos, contar uma história durante uma apresentação pode

exigir uma dose de coragem. Compreendo bem isso, por trabalhar num lugar assim. O TCU é um órgão centenário e de cultura conservadora. O caminho da segurança, percorrido por quase todos os colegas, é inventar pouco e se ater às informações. Você pode imaginar o resultado.

Como um bom portador de TDAH, assistir a apresentações conservadoras beira a crueldade para mim. Por isso, há mais de dez anos resolvi testar o ensino deixado por um grande comunicador da antiguidade chamado Jesus: "assim, em tudo, façam aos outros o que vocês querem que eles lhes façam". Ora, "em tudo" deve incluir apresentações. Eu sabia que histórias melhoravam a conexão em outros contextos, como sermões e TED Talks, e que a minha própria experiência na plateia se transformava quando o orador recorria a elas.

Decidi usar narrativas em qualquer ambiente. Percebi que meus receios de contar histórias no trabalho eram completamente infundados. Gente é gente, humanos são humanos. Todos gostam de histórias e não gostam de tédio. Por isso, deixo aqui três princípios que abracei há tempos.

Primeiro princípio: conte histórias, não importa o quão poucos sejam seus minutos. Espero que você já tenha seguido minha sugestão e assistido ao TED de três minutos do Terry Moore. Em vez de ficar preocupado com a falta de tempo, lembre que uma informação ancorada resiste muito mais na memória do que as que se penduram apenas no tema.

Segundo princípio: conte eventos que se passaram com você. Entre os diversos tipos de histórias, como anedotas, fábulas, parábolas e casos reais, aquelas de cunho pessoal se destacam com maior poder de conexão e influência. Para aumentar o repertório, passei a colecionar lembranças de eventos curiosos que acontecem comigo. Comece a anotar e pare de deixar verdadeiras pérolas escaparem entre os dedos. Dê preferência aos casos em que houver uma boa dose de tensão, mas dos quais se possa rir depois. #ficaadica.

Terceiro e último princípio: apenas conte, não anuncie que vai contar. Muita gente boa se confunde nessa hora e acaba recorrendo ao "agora vou contar uma história..." A pior forma de começar é "gostaria de pedir licença a vocês para contar uma história..." Você está lá para isso! Não precisa de licença. Seja direto. Simplesmente cite alguém ou um marco no passado. Algo como "ano passado, blá-blá-blá...", ou "meu avô ainda se confunde com o zap, blá-blá-blá..." Nem é necessário ser preciso no tempo. Pode começar assim: "algum tempo atrás..." E divirta-se.

CAPÍTULO 11

O PODER DA VULNERABILIDADE

Que tal, ao transmitir uma mensagem, fazê-lo como você mesmo? Há uma tentação rondando pessoas que se expõem ao microfone. Pensando bem, mais que uma tentação, há um padrão. No afã de receber aprovação dos presentes, projetamos uma imagem pouco autêntica, construída com o objetivo de evitar riscos.

Reconheço que é difícil subir ao palco fantasiado de si mesmo. Em vez disso, o apresentador aparece em público como a versão possível do que (ele acredita que) as pessoas esperam. Não dá para ter paz desse jeito.

Apresentar-nos como nós mesmos pode ser assustador, por isso adquirimos o hábito de nos pintar com o verniz da infalibilidade. O aroma desse produto é fácil de reconhecer: comunicação impessoal, pródiga em informações e pouco lúdica. No fim das contas, essa pseudoproteção é tão confiável quanto uma ligação não identificada de São Paulo.

Eis a armadilha: apreciamos o reconhecimento e a aprovação do público, ainda que falhemos e sejamos imperfeitos. Tanto o desejo de reconhecimento como as imperfeições são inerentes à natureza humana. O equívoco está em achar que aprovação e imperfeição são incompatíveis. Assim, a intuição nos leva a evitar expor fragilidades, sejam as nossas, sejam as do conteúdo.

Não é uma estratégia equilibrada. Durante o período em que atuei como gestor na Secretaria de Fiscalização de TI do TCU, interagi muitas vezes com o presidente de uma grande empresa pública. A empresa tinha problemas, como esperado. O curioso era que esse executivo costumava falar desses problemas conosco com objetividade e clareza.

Como auditores, nem sempre esperamos que o interlocutor seja transparente. Somos uma classe desconfiada. Ainda assim, a postura franca criava um ambiente mais propício ao bom relacionamento, e isso facilitava a solução de problemas. Encontrei poucos executivos com atitude semelhante.

Infelizmente, naquele período a maior parte dos executivos públicos tentavam transmitir uma imagem de eficiência e perfeição. O principal resultado dessa postura era criar uma sensação de falta de confiança, reforçando a necessidade de checar os fatos, uma vez que o discurso não era coerente com a realidade.

Em uma situação cheia de nuances como a relação entre auditor e auditado, aquele executivo demonstrava um grau de abertura que permitia a construção de confiança. Vale também para apresentações. A transparência em relação a limitações e defeitos ajuda a criar a identificação e fortalecer a conexão. As pessoas preferem gente de verdade a panfletos humanos.

Expor fragilidades exige coragem, mas rende bons dividendos. A explicação é simples: temos mais empatia pela fraqueza do que pela virtude. Até a Marvel descobriu isso. Há um enorme esforço em mostrar um lado "gente como a gente" nos heróis. O Homem-Aranha anda sem grana e é imaturo, o Homem de Ferro é arrogante e o Homem-Formiga passou por um divórcio. Para cada poder, há um revés bastante humano que os deixa vulneráveis.

Ao contrário da Marvel, ainda estamos longe de compreender o poder das fraquezas. Todos têm alguma insegurança ou dificuldade. O público também se vê assim, e quando encontra alguém com quem se identificar, que não use *photoshop* pessoal e exponhas dificuldades com sinceridade, a ligação é imediata.

O PODER DE SER VULNERÁVEL

Brené Brown é conhecida por ministrar palestras sobre vulnerabilidade, que tem sido o tema de suas pesquisas há tempos. No especial que gravou para o Netflix, ela conta que, ao ser convidada para falar num evento TED, ganhou ampla liberdade. Ela aproveitou a deixa para experimentar algo novo.

Nas palestras que ministrava, Brown apresentava o tema da vulnerabilidade como pesquisadora, discorrendo sobre o resultado de estudos com dados, gráficos e exemplos. Dessa vez, optou por algo radicalmente diferente. Falou do tema de uma forma pessoal. Foi um salto que exigiu coragem.

Imagine o desafio de alguém que está lá, como autoridade no tema vulnerabilidade, confessar, de coração aberto, como é difícil praticar o que prega. Para isso, ela expôs sua própria dificuldade, contando histórias pessoais que deram vida e humor à palestra. Foi sensível e eficaz.

Ali, Brown experimentou o que as próprias pesquisas mostravam. Apresentar-se como alguém vulnerável, em geral, é recompensado. A palestra viralizou e seu trabalho ganhou uma exposição que ela não imaginava. O primeiro TED sobre o assunto passou de quarenta milhões de visualizações. O seguinte, em que ela trata de vergonha, superou doze milhões. A própria Brown, acostumada a explicar o poder da vulnerabilidade, ficou assustada com o resultado.

OS TRÊS MANDAMENTOS

Um aviso: não recomendo a ninguém sair por aí contando seus podres para todo mundo. Abrir o coração, ainda que só um ventrículo, exige certo zelo. Vejamos as precauções que devemos tomar:

- Só exponha dificuldades que sirvam para ilustrar algum ponto. O palco não é um divã.
- Escolha situações em que haja uma resolução para a dificuldade exposta ou ao menos um tratamento "em andamento". Situações sem encaminhamento positivo deixam as pessoas ansiosas ou tristes.
- Caso ainda não haja uma resolução ou um encaminhamento claro, o momento de vulnerabilidade deve terminar num tom de esperança e confiança no futuro.

O palco é um lugar especial. Lá, o microfone é seu, e cabe a você usá-lo da melhor maneira. O conteúdo apresentado deve ter valor em si, caso contrário, nem faria sentido expô-lo. Apresentar a mensagem de forma vulnerável e autêntica não muda o valor intrínseco do conteúdo, mas multiplica seu poder de influência. A mensagem torna-se mais consistente e concreta.

Se o telhado for de vidro, o público simpatizará se entender a razão. Entretanto, é essencial demonstrar que há um plano para a troca das telhas.

CAPÍTULO 12

HUMOR ETERNO

Canso de ver pessoas divertidas, daquelas que sorriem com facilidade e brincam o tempo todo com os amigos, morrerem de medo de mostrar esse lado diante do público. Elas vivem com receio de parecer bobinhas. Também há aquelas que viram um palestrante tentar algo engraçado e colher um silêncio ensurdecedor. Acabaram traumatizadas por via indireta, com pânico de causar um surto de vergonha alheia.

Vamos esclarecer algo de início. Usar humor não é contar piadas, considerando a definição clássica de piada: uma breve história de ficção, de final engraçado e às vezes surpreendente, cujo objetivo é provocar risos. Esse não é o caminho. Até os profissionais de *stand up* raramente recorrem a anedotas.

Pode parecer estranho, mas arrancar risos na era dos memes não é tão difícil. Ao menos, não mais difícil do que em outros tempos. Hoje, o pão com manteiga dos comediantes de palco passa por contar boas histórias, preferencialmente reais, narradas com ênfase em fatos cômicos e observações curiosas.

Caso você não tenha confiança para imaginar histórias e casos com potencial cômico, há duas formas principais de obtê-las. A primeira é ridiculamente simples. Preste atenção à sua volta. Aquilo que faz seus amigos rirem tem potencial para causar efeito semelhante na plateia. Guarde o que faz sucesso.

A segunda requer um pouco mais de esforço. Observe a narrativa – de histórias, exemplos ou metáforas – e busque os momentos em que aparece algo desconfortável ou negativo, como mencionamos na parte das histórias pessoais; depois, separe o que produziu alguma graça quando contado para colegas, amigos ou parentes.

Nem sempre fazemos graça de forma planejada e voluntária. Caso alguma frase tenha "funcionado" num ambiente, há boa chance de ter o mesmo efeito em outro. Temos de testar para descobrir.

Lembre que os que caçam risos costumam usar como arma expressões de indignação, sofrimento, insegurança ou outras emoções nada associadas à felicidade. Até nos alegramos, ainda bem, com o sucesso dos outros, mas boas notícias raramente provocam risadas.

O que o faz, por outro lado, pode ser dividido em três categorias. A primeira é a mais popular para quem gosta de fazer humor em público de forma segura.

AUTODEPRECIAÇÃO

Na autodepreciação, o apresentador faz troça com a única pessoa que lhe dá autorização ilimitada para isso. Ele mesmo.

Quando eu era criança, achava graça quando alguém levava um tombão por causa de uma casca de banana. As crianças gostam de chistes pastelão. Os palhaços vivem dando e recebendo tortas na cara. Conforme amadurecemos, esse tipo de coisa perde a graça. O princípio, no entanto, permanece.

Nós, humanos, tendemos a rir da desgraça alheia. Simples assim. Esse impulso está por trás do *bullying*, tão difícil de domar. Por outro lado, essa mesma tendência alimenta brincadeiras saudáveis e divertidas entre amigos que "tiram onda" uns com os outros.

Entre os mecanismos que sustentam o humor, há o acionamento de uma sensação de superioridade na plateia. No passado, fazia-se piada depreciando minorias e as pessoas riam. Hoje, é no mínimo deselegante e eventualmente criminoso. Somente comediantes muito hábeis e experientes passeiam por essa estrada e conseguem chegar em casa sem ofender minorias ou o Código Penal.

A única exceção, com todo o cuidado, é se você fizer parte da minoria em questão. Quando isso acontece, a narrativa se torna uma espécie de autodepreciação. Eu sei que não devo fazer gracinhas sobre pessoas com deficiência. Haja mau gosto! Já o Nick Vujicic, por outro lado, não tem braços nem pernas e brinca com a sua "asinha de frango", como ele mesmo diz. Soa um tanto fofo e todos riem com ele.

Depois de passar por uma dúzia de colonoscopias, ganhei legitimidade para brincar com exames invasivos. Também posso fazer graça com cirurgias, pois já passei por seis delas. Posso dizer que gostaria de ter um zíper na barriga e ninguém vai achar estranho. Ou vai, mas a graça está aí. Caso alguém saudável me venha fazer graça disso, vou ficar meio indignado. Ao menos, tire a vesícula primeiro! Ou doe um rim.

A dinâmica é conhecida: tragédia + tempo = comédia. Todos passamos por situações difíceis ou embaraçosas eventualmente. Não vamos desperdiçá-las.

Enquanto escrevo este parágrafo, estou em recuperação de duas fraturas. Caí durante uma pelada tipo casados x solteiros. No minuto quatro, recebi uma bola e girei para correr. Achava que estava livre, no entanto, havia um jovem rápido ao meu lado. Como ele aparecera ali? Nem vi. Trombei. Caí tão rápido que não tive tempo de entender o que se passava.

Quase tinha me quebrado dias antes, quando caí na rua durante uma corrida leve. Chutei um desnível e senti que iria ao chão. Décadas de amizade com o solo entraram em ação. Caí girando de lado. Fora a dignidade, nada se feriu.

Dessa vez, não houve negociação. A queda repentina levou as mãos a se preocuparem apenas em evitar uma testada no piso da quadra. Conseguiram, mas a mão direita não alcançou a posição ideal – aquela em que a palma se apronta para empurrar a Terra. Essa função, na falta de meio segundo a mais, coube aos dedos. No ângulo errado. Despenquei em cima deles.

Dois não resistiram. A base do anular da mão direita quebrou em dois pontos. Posso ensinar o que é um triângulo com o raio X. O quinto metacarpo – aprendi no hospital que é o osso abaixo do mindinho – também se partiu.

Por isso, ganhei de presente duas pequenas placas de titânio, analgésicos e a habilidade de digitar tudo com a mão esquerda. E tive de cancelar uma viagem de férias muito aguardada por minha esposa. Em vez de viajar, apaguei na mesa de cirurgia.

O outro presente foi a história. Vinte dias depois do acidente, dei uma palestra sobre a relação entre inovação e gestão de riscos. Estreei a narrativa mostrando o raio X das placas de titânio e nos divertimos juntos, eu e meus espectadores, com a minha má gestão de riscos. História, vulnerabilidade e humor num único episódio, com uma pitada dupla de autodepreciação. Não fiz piada alguma. Não precisava.

EXAGERO

Curioso como achamos graça no exagero. As redes sociais estão povoadas de memes que exploram esse lado do humor. Quem os transmite não pensa muito a respeito, só acha graça e passa adiante.

No entanto, fazer humor com exagero não é tão simples. A forma mais fácil de exagerar é pelo uso de adjetivos e advérbios. Imagine a frase "foi muito, muito, muito ridículo" ou "sou mesmo horrivelmente atrapalhado". O exagero está presente, mas não a graça.

Por isso, a maneira de trazer graça ao exagero é fazer uma transposição de contexto. Observe a figura:

O autor brinca com o trabalho que uma boa risada dá para os músculos abdominais (sem ligar para a grafia correta da palavra *torneei*). Quem experimentou um acesso de risos conhece essa dor. O meme leva esse fenômeno ao extremo e faz a transposição de contexto para as academias e o resultado da musculação.

É bobo, mas algumas pessoas riem disso. Como eu.

SURPRESA
Uma curva inesperada na narrativa pode ser fonte de boas risadas.

A surpresa é uma fonte de humor involuntário. Às vezes, ocorre quando alguém diz algo sem intenção de fazer graça e as pessoas em volta riem. As crianças pequenas são boas nisso. Como sua cognição ainda não está domesticada, elas soltam pérolas de humor por onde andam. Os pais acham incrível, dizem que vão anotar e depois esquecem.

Vamos conferir agora um exemplo de humor proposital. Observe a figura:

A imagem parece assustadora e a legenda consegue criar tensão com o texto "fotógrafo registra o exato momento…" Afinal, quando vemos um tubarão e "exato momento" no mesmo contexto, esperamos chumbo grosso. A segunda parte do texto nos pega de surpresa ao relacionar a posição em que o Sr. Tuba aparece com uma pisada imaginária numa peça de lego. A informação inusitada quebra a tensão e libera o riso – especialmente caso você já tenha pisado num treco assim, à noite, com as crianças dormindo.

DESMONTANDO UMA PIADA

Uma piada tem duas partes. O *setup*, que é a preparação, e a *punch line*, a frase ou palavra que leva as pessoas a rir. No modelo mais comum, o *setup* cria expectativa. A *punch line* traz alívio com uma saída inusitada.

Observe a frase:
Os terraplanistas não falam aquecimento global. Eles dizem: a chapa tá quente.

A primeira frase é o *setup*. Ela cria a expectativa de que os terraplanistas soltarão alguma pérola da ciência astronômica. Depois vem a *punch line*, com a saída inesperada da "chapa quente". No caso, essa *punch line* se enquadra na categoria de surpresa.

CICLO DO REPERTÓRIO CÔMICO

A criação de uma coleção de histórias com potencial cômico não acontece de repente. O repertório cresce aos poucos, especialmente quando paramos de desperdiçar eventos desconfortáveis.
1. Escolha a história
2. Reduza-a aos fatos essenciais
3. Identifique as partes de potencial cômico e realce-as na narrativa
4. Observe a reação da plateia
5. Repita o que deu certo e descarte o que não funcionou

BRINCADEIRA SÉRIA

Aqui vai uma observação importante: só a plateia pode rir. Controle-se! A risada dos outros é recompensa suficiente. Se todos rirem, você tem autorização por lei para um sorriso breve.

Como bem sabemos, o palestrante que ri da própria gracinha e não é acompanhado pelos outros provoca constrangimento em larga escala. Pior que isso, só enfiar o dedo no nariz em público e depois... vou parar por aqui, senão minha esposa vai cortar na revisão.

Nem sempre as pessoas riem quando faço uma gracinha durante uma apresentação. Você não é o único que passa por isso! Na realidade, acontece quase sempre. Mais precisamente, *todas* as vezes que dou uma palestra nova. *C'est la vie.* Eu sigo em frente como se nada tivesse acontecido.

Não sei se ficou claro, então vou repetir. As pessoas não rirem de uma tentativa de humor *acontece todas as vezes* que dou uma palestra testando algo novo, ao menos uma vez. O segredo é não sorrir amarelo. É tudo muito sério. Muitos ficam em dúvida se era uma tentativa de fazer graça ou não. Afinal, o humor deve estar sempre embutido no enredo. Quando a graça está entrelaçada na narrativa, como nas histórias ou exemplos, e suprimimos o impulso de rir, criamos um ambiente seguro para algo que, por natureza, implica riscos.

No fim das contas, a diferença entre uma piada e a verdade está no tom. Quando há uma pausa em uma história com potencial cômico, por exemplo, não há o silêncio da vergonha. É só uma história seguindo em frente. A apresentação segue como se nada tivesse acontecido. Nada aconteceu, afinal.

TIMING

Desenvolver a intuição para acertar o momento da piada e a entonação ideal exige tempo de palco. Se você não for palestrante profissional, não conviverá o suficiente com o microfone para afiar sua veia cômica nesse nível.

No entanto, não precisamos de perfeição para fazer graça. Quando conheci o Flávio, percebi nele o temperamento contido e um ar de quem está sempre concentrado. Esse foco todo o ajudou a passar em concursos, concluir um mestrado e ser campeão em diversos torneios de xadrez. Ele se inscreveu em um curso comigo e mostrou as credenciais logo quando chegou: "não sei falar em público e não sou engraçado". Estava convencido disso.

Depois do *workshop*, ele foi convidado a contar sua jornada de aprendizado como enxadrista. Com o esforço de sempre, Flávio preparou o enredo e nos encontramos mais três vezes. Trabalhamos juntos no texto, sem nos preocupar com o *timing* cômico. Focamos na autodepreciação, na vulnerabilidade e nas histórias de superação. As oportunidades de usar humor apareceram nas narrativas.

Flávio trabalhou duro. Escreveu e reescreveu o que falaria, deixando-me confiante na apresentação que se aproximava. Todas as vezes que alguém se esforça tanto, seguindo o processo e atento às recomendações, colhe bons frutos. Usando técnicas simples de construção das frases, trabalhamos para realçar o humor natural das histórias.

No dia da apresentação, mesmo com a ansiedade esperada, ele fez o planejado mantendo o jeito nerd de sempre. Não seria ele se fosse de outra forma. Isso tornou a narrativa mais autêntica e cativante. Embora sucedido por dois outros colegas que são bons palestrantes, não houve apresentação mais divertida e engajante naquele dia.

Eu estava na primeira fila, embora tivesse removido dois sisos no dia anterior. A experiência valeu cada grama de dipirona a mais.

O que o Flávio alcançou não foi milagre. Foi ciência. Parte do que entendemos como o *timing* da comédia se refere à forma como as *punch lines* são encaixadas nas frases. Vejamos alguns exemplos.

REGRA DE TRÊS

Não estou falando de matemática. A regra de três é uma enumeração de três pontos, sendo que o terceiro tem uma surpresa escondida. Em toda a literatura a que tive acesso, não vi explicação para isso ter um efeito tão bom. Quando testei a técnica, estava com um pouco de receio. Não precisava. Funciona mesmo.

A primeira vez que usei a regra de três em público foi na época em que estourou a delação de um grande empresário envolvido com corrupção, e houve uma comoção no mundo político. Pouco depois, ministrei uma palestra em Foz do Iguaçu. Eu vi que havia um potencial cômico entre a proximidade da fronteira com o Paraguai e o risco de prisão que rondava os alvos da Operação Lava-Jato.

Foz é conhecida por atrair visitantes por causa das Cataratas do Iguaçu e de Itaipu, a segunda maior usina hidroelétrica do mundo. Ao aplicar a regra de três, e depois de muito trabalho com as palavras, construí a abertura assim:

Adoro vir a Foz do Iguaçu. É uma cidade completa. Para os que gostam de natureza, há as Cataratas. Para os que curtem engenharia, temos Itaipu. E, em caso de delação, a fronteira.

Vamos dividir em partes para ficar mais claro. *Setup:* Adoro vir a Foz do Iguaçu. É uma cidade completa.

REGRA DE TRÊS:
**PARTE 1: PARA OS QUE GOSTAM DE NATUREZA,
HÁ AS CATARATAS.**

PARTE 2: PARA OS QUE CURTEM ENGENHARIA, TEMOS ITAIPU.

**PARTE 3 E *PUNCH LINE*: E, EM CASO DE DELAÇÃO,
A FRONTEIRA.**

Observe que a parte cômica está no fim. Isso é de fundamental importância para dar tempo para as pessoas entenderem que se trata de um chiste, entenderem o chiste e, por fim, rirem em paz.

Quando vem antes do fim, a tirada cômica é atropelada pelas palavras que a seguem e perde efeito. Pode até desaparecer. Por isso, coloque-a sempre no final! Seu *timing* vai melhorar tanto que podem achar que você leva jeito para a comédia.

COMO SABER SE VAI DAR CERTO?
Não sabemos. Sabe o que os comediantes fazem? Tes-

tam. Ficam com o que funciona e largam o que falha. Há piadinhas que eu adoro, mas as pessoas não acham graça nenhuma. Há alguns anos, eu tentava várias vezes. Não entendia como era possível não curtirem algo tão engraçado. Agora aprendi. Se não funciona, corto.

O contrário também é possível. Talvez você tenha falado algo sem imaginar que alguém poderia achar engraçado, mas as pessoas riram. Aproveite isso! Você criou uma piada sem querer. Anote-a! Use-a sem dó, ainda que não ache graça alguma.

NICHOS

Caso a plateia não goste de uma gracinha que funcionou antes, não se assuste. Todo humor é de nicho. São raras as *punch lines* que alcançam a todos numa plateia. Caso alguém não curta, tudo bem. Por essa razão, prefiro falar para mil pessoas do que para dez. Se 30% acharem graça, serão 300 risadas. Se forem dez, serão somente três pessoas rindo. Podem até ficar constrangidas! A energia é muito importante.

PARTE IV

LEMBRE-SE DISSO

CAPÍTULO 13

"EU NÃO SOU CRIATIVO"

Se eu ganhasse um real a cada vez que ouço essa, poderia comprar uma gravata. Todos somos criativos, embora não se possa negar que alguns sejam mais que outros. Uma das razões disso é que certas pessoas se dedicam mais a atividades criativas. Elas investem mais tempo e energia e, adivinhe só, se tornam criadoras mais competentes.

A boa notícia é que nunca é tarde para entrar na brincadeira. Meu pai teve uma longa, animada e absorvente carreira de 30 anos na IBM, uma gigante global na área de TI. Pode-se dizer que sua produção "artística," durante décadas, se limitou a algumas mensagens corporativas e, eventualmente, a apresentações que precederam o PowerPoint. Há quatro anos, convidei-o para me acompanhar em uma oficina de contos. Hoje, ele escreve ótimos textos, cheios de leveza e humor, e planeja publicar seu primeiro livro. Ele descobriu que curte ser criativo e, em pouco tempo, se tornou um ótimo contista.

Outro aspecto relevante é que a criatividade pode até ser acessível a todos, mas dá trabalho. O cérebro, como dissemos, gosta de economizar energia. Além disso, quem manda na área é o lado esquerdo, o da razão e da lógica. O lado direito, mais sensível e abstrato, nem sempre recebe o espaço de que precisa para exibir seus poderes.

Para construir uma apresentação marcante, é necessário sair do óbvio. No entanto, criar algo diferente assusta muita gente boa. É aí que a criatividade precisa dar as caras. Não falo daquele surto de ideias presente em uma reunião de *brainstorming*, mas de internalizar a necessidade de tornar-se mais inventivo e inovador.

Diante de tudo isso, é mais produtivo entender como o processo criativo funciona do que bater com os punhos na cabeça em frustração. E ele funciona em quatro fases.

A primeira é a *transpiração*, quando adquirimos o domínio do assunto. Nela, fazemos o esforço de acumular informações e ganhar familiaridade com o tema. Pode acontecer num laboratório, na mesa de trabalho ou em estúdio. Einstein afirmou que a imaginação é mais importante que o conhecimento. Ele tinha razão, mas também tinha conhecimento! Pasteur afirmou, por experiência, que "o acaso favorece a mente preparada". Primeiro, a questão deve ser examinada com profundidade. Ser criativo é divertido, mas é custoso.

Cientistas, programadores, publicitários e outros tantos profissionais sabem como é comum ficar examinando um problema, cutucando-o obstinadamente na busca por uma solução, só para ir dormir achando que o dia foi um fracasso. Será? Nesse ponto, a parte esquerda do cérebro, aquela responsável pela lógica e cognição, já trabalhou de montão e foi descansar. Mas o lado direito, abstrato e criativo, continua na labuta. Essa é a fase da *incubação*.

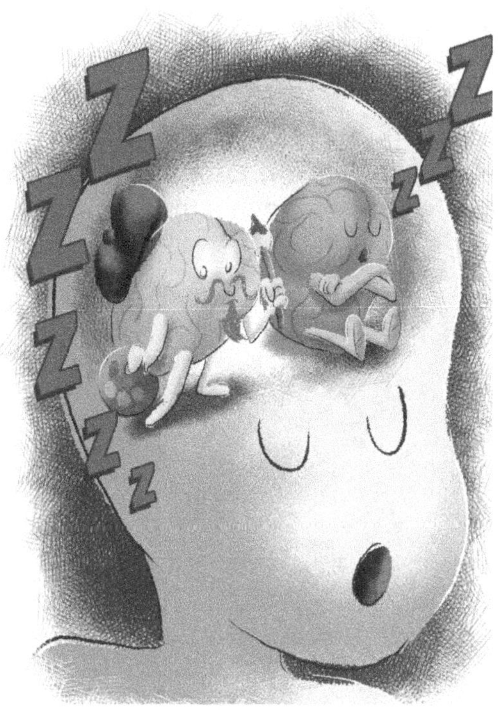

Depois de algum tempo, durante uma atividade aparentemente não relacionada à questão, a solução eventualmente pula diante de nós. Essa é a esperada fase da *inspiração*. A comunidade acadêmica internacional costuma se referir a esses momentos como os três Bs: *bed, bath and bus* (cama, banho e ônibus). A história de Arquimedes na banheira é o exemplo mais conhecido.

Acredita-se que, como o lado esquerdo do cérebro tem supremacia sobre o lado direito, este último deve trabalhar escondido para ter liberdade, como se fosse um grupo de rebeldes planejando uma revolução. Assim que a solução fica pronta, ela aparece "de surpresa".

Por fim, o lado lógico e responsável, indo de novo para

o lado esquerdo do cérebro, testa a solução para confir-
mar se a ideia é válida ou só uma maluquice. Essa é a fase
da *validação*.

Fazer mais do mesmo é o caminho mais curto para o
esquecimento. Crie, ouse e leve a mensagem adiante.

CAPÍTULO 14
AMADO MESTRE

Pratiquei golfe por um ano. É um esporte diferente de todos os que havia praticado até então. Para começar, os praticantes estudam a teoria, lendo livros no sofá de casa! Eu também fiz isso, lendo artigos sobre como melhorar o *swing*. Faz sentido, pois há tempo de sobra para pensar antes de atacar a bolinha. O golfista estuda para ter os pensamentos certos.

Nas primeiras lições, aprende-se sobre a postura do corpo e a física do movimento do taco, que deve se movimentar como um pêndulo. Na verdade, as primeiras aulas foram chatíssimas. Era necessário criar memória muscular, com muitas repetições, para alcançar uma postura decente e um *swing* minimamente funcional. No caminho, consegui entortar um taco e arrancar a cabeça do *driver*, aquele taco grande e cabeçudo que joga a bolinha bem longe. Enfiei o danado na grama em vez de acertar a bola.

Era frustrante. Eu ficava uns dez minutos brigando com a bolinha, então o professor falava "você está tirando o olho dela". Ora, eu já tinha ouvido que aquilo era importante, mas queria ver para onde ela voaria! O problema é que, quando o olhar desvia da bola antes da hora, o *swing* entorta. A trajetória da bolinha também. Eu nem percebia qualquer diferença no movimento do corpo, mas era fácil notar que não funcionaria do meu jeito. Um bom *swing* respeita os princípios da física, do movimento dos pêndulos e da precisão dos ângulos.

Eu usava o tênis certo, aprendi a segurar o taco e memorizei onde a bolinha deveria fazer contato. Estudei a distância dos pés e a escolha dos tacos. Nada disso garantia uma boa tacada se os princípios do *swing* não fossem respeitados. As técnicas completam os princípios, não os substituem.

Eu precisava ter precisão e suavidade ao mesmo tempo. O grau certo de "relaxamento" dos músculos para o movimento fluir naturalmente. Precisava de sintonia completa nos movimentos, combinando corpo, taco e bola. Fui feliz em alguns momentos, mas em outros me concentrava tanto nas regras que era impossível criar a harmonia necessária para lançar a bolinha para o alto na direção certa.

Os princípios guiam as técnicas e as regras. É por isso que se chamam *princípios*. Eles vêm primeiro!

Não existe uma forma única de montar uma palestra ou um jeito ideal de se comportar no palco. Vemos palestrantes que focam no humor e outros que apelam para histórias comoventes com o mesmo sucesso. Podem variar o estilo das roupas e dos gestos conforme a imagem que projetam. O que comunicadores de sucesso têm em comum é a maneira como desempenham esse papel diante das pessoas. Sim, eles aplicam técnicas de oratória e têm o couro curtido em centenas ou milhares de horas de palco.

NÃO É SOBRE VOCÊ

O palestrante está ali para proporcionar a melhor experiência possível ao público e, recorrendo ao termo da moda, "servir". O foco são os outros. Não me entenda mal. Sabemos que uma boa palestra promove de alguma forma o palestrante. Só que ela acontece por via reversa, pela reciprocidade.

As pessoas andam com o radar ligado para a promoção pessoal. Se a plateia notar uma pata de mosca de arrogância, nem as práticas mais consagradas darão acesso ao coração dela. Os espectadores vão ficar procurando sintomas de vaidade e agendas ocultas no meio do conteúdo. A sintonia com o público só acontece quando estamos com um espírito de generosidade. O caminho do encanto passa por aí.

Captou o princípio? O foco não é você, são eles. Não é o que eles vão pensar de você, mas como você pode ajudá-los. Absolutamente tudo o que não contribui para isso pode ser limado do conteúdo.

O grande paradoxo é que, apesar de as luzes estarem

apontadas para você, seu papel não é o de protagonista. O palestrante não é como um ator ou um comediante de *stand up*, que está no palco para ser a estrela do evento. Quem assiste a uma palestra está em busca de conhecimento útil. Deseja crescer em algo ou resolver algum problema. Há uma narrativa dentro da mente de cada um na plateia e, nessa narrativa, o personagem principal é a própria pessoa.

Você já deve ter assistido a filmes em número suficiente para identificar um padrão. Nos filmes com sucesso de público, a fórmula é conhecida: o protagonista possui certas habilidades e os espectadores são apresentados a elas. A vida dele segue no *status quo* até que algum evento o leva a encarar um desafio que está acima da sua capacidade. Ele fracassa, e então aparece alguém – treinador, amigo ou par romântico – que o ajuda a superar algum trauma, ou a melhorar seu desempenho e evoluir. Só então ele consegue vencer o desafio. Por causa do apoio dessa pessoa, ele cresce, vence obstáculos outrora insuperáveis e alcança o objetivo. E todos vivem felizes para sempre.

Para os espectadores, a história que mais importa é a deles. Lidam o tempo todo com objetivos e limitações, como qualquer herói. As luzes estão em você, mas os protagonistas são eles. E você é o coadjuvante.

Portanto, peço uma licença poética para pedir educadamente: ponha-se no seu lugar! Ele é honroso o suficiente. A beleza desse enredo é que você não é um coadjuvante qualquer. O enredo pede um mentor para ajudá-los a evoluir, a superar limites. Seja bem-vindo, esse lugar é seu.

Você é "o cara": o sábio mestre no assunto que interessa ao público. Eles são os protagonistas dos próprios objetivos. Seu papel é "somente" ajudá-los a chegar lá. Lembre-se de que a história é deles. Eles são os heróis. No fim, eles matam o dragão e salvam a princesa. Você é a pessoa que torna isso possível ao dividir sua sabedoria e experiência. Sem sua orientação generosa, o protagonista fracassaria. E ele sabe disso. Dessa dinâmica, nasce uma parceria natural onde todos ganham.

Como esse é um ponto fundamental do livro e não quero correr qualquer risco de ser mal compreendido, vou pedir ajuda ao Tom Cruise.

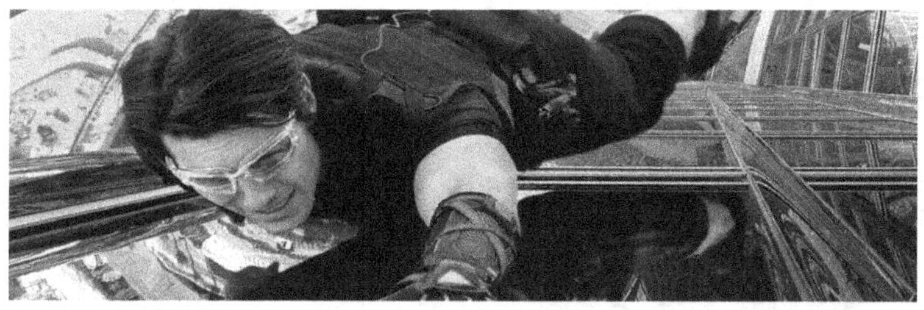

O QUE TOM CRUISE NOS ENSINA

Vejamos o que podemos aprender com o inesgotável ator. Temos aqui um conjunto de sucessos de bilheteria (não criei a lista abaixo, achei-a no Google em sites diversos). Perceba o padrão:

- *Top gun*: Tom Cruise é um piloto de avião. Ele é muito bom, mas um trauma o impede de ser o melhor. Ele se apaixona por uma mulher que o ajuda a superar, e no final alcança seu objetivo.

- *Dias de trovão*: Tom Cruise é um piloto de automóveis. Ele é muito bom, mas um trauma o impede de ser o melhor. Ele se apaixona por uma mulher que o ajuda a superar, e no final alcança seu objetivo.

- *Coquetel*: Tom Cruise é um *barman*. Ele é muito bom, mas um trauma o impede de ser o melhor. Ele se apaixona por uma mulher que o ajuda a superar, e no final alcança seu objetivo.

- *Jerry Maguire*: Tom Cruise é um agente de atletas. Ele é muito bom, mas depois de ser demitido fica traumatizado, e este trauma o impede de ser o melhor. Ele se apaixona por uma mulher que o ajuda a superar, e no final alcança seu objetivo.

- *Rain man*: Tom Cruise é um empresário importador de carros. Ele é muito bem-sucedido, mas um trauma o impede de ser feliz. Ele se apaixona por uma mulher, encontra seu irmão autista, que o ajuda a superar, e no final alcança seu objetivo.

- *Vanilla sky*: Tom Cruise é dono de uma editora. Ele é muito bom, mas um acidente o impede de se manter como o melhor. Ele se apaixona por uma mulher que o ajuda a superar, e no final alcança seu objetivo. Mas descobre que é tudo um sonho.

- *A cor do dinheiro*: Tom Cruise é jogador de sinuca. Ele é muito bom, mas sua arrogância o impede de ser o melhor. Até que Paul Newman aparece e o ajuda a superar, e no final ele alcança seu objetivo.

- *Questão de honra*: Tom Cruise é um advogado. Ele é

muito bom, mas um trauma o impede de ser o melhor. Ele se torna amigo de uma outra advogada que o ajuda a superar, e no final alcança seu objetivo.

- *Minority report*: Tom Cruise é um policial do futuro. Ele é o melhor, mas uma conspiração o coloca sob suspeita. Ele sequestra uma paranormal que o ajuda a superar, e no final alcança seu objetivo.

- *A firma*: Tom Cruise é um advogado, mas, ao cair em uma rede de intrigas proporcionada pelo megaescritório em que trabalha, adquire um trauma que o impede de se tornar o melhor. Com a ajuda de sua apaixonada esposa, consegue alcançar seu objetivo.

- *Entrevista com o vampiro*: Tom Cruise é um vampiro poderoso. Ele é muito bom, mas a chegada de um novo vampiro o traumatiza, quase matando-o. Ele se apaixona pelo vampiro e no final alcança seu objetivo.

- *Magnólia*: Tom Cruise é um guru de autoajuda machista. Ele é muito bom, mas sua arrogância o impede de ser feliz. Ele encontra seu pai no leito de morte e isso o ajuda a superar, e no fim ele descobre a verdadeira felicidade.

- *Nascido em 4 de julho*: Tom Cruise é um combatente no Vietnã. Ele é muito bom, mas um acidente o impede de se manter como o melhor. Ele se apaixona por uma mulher, e no final alcança seu objetivo, mesmo paralítico.

- *O último samurai*: Tom Cruise é um militar contratado para treinar os japoneses. Ele é muito bom, mas um trauma o impede de se tornar um samurai. Ele se apaixona por uma japonesa e no final (adivinhem só) consegue seu objetivo!

- *Missão impossível*: Tom Cruise é um espião. Ele é bom. Mas cai numa rede de intrigas e fica traumatizado, o que o impede de ser o melhor. Com a ajuda de amigos, acaba alcançando seus objetivos.

- *Missão impossível 2*: Tom Cruise ainda é um espião. Ele é sinistro. O cara faz escalada sem acessório nenhum! Mas os acontecimentos de seu último filme o deixam traumatizado e isso o impede de ser o melhor. Ele se apaixona por uma mulher que o ajuda, e no fim alcança seus objetivos.

Nossos Toms, as pessoas na audiência, precisam de nós. Somente quando assumimos o papel certo, a mágica da sintonia acontece.

Os melhores resultados também.

FINALMENTE

Todos somos capazes de realizar apresentações que engajam a plateia e permanecem em suas mentes. Para muitos de nós, esse caminho passa pelo esforço de construir novas competências profissionais e pessoais. Romper padrões que acreditamos seguros (mas não são) também exige algo a mais. No entanto, as recompensas valem o preço.

Lembremos outro clichê aqui: ninguém nasce sabendo. Quando eu comecei, era péssimo em falar em público. Uma das experiências que mais me alegram é acompanhar alguém evoluindo e se transformando. Está longe de ser incomum.

Mark Twain, um dos maiores escritores americanos de todos os tempos, tremia em seus primeiros discursos. Churchill desmaiou em sua fala de estreia como congressista. Ambos se tornaram oradores poderosos. Ambos começaram de onde todos começam. Como pedras brutas cheias de potencial. Como você e eu.

Daniel Jezini